KB154684

세 상에 대하여
우리가
더 잘 알아야 할
교양

50

지은이 소개

지은이 **정원오**

여수에서 태어나 학창 시절을 보내고, 서울시립대학교에서 경제학을 공부했다. 2014년 성동구청장으로 당선되어 지방정부의 자치, 분권을 위해 힘쓰고 있으며, 2015년 이후 도시의 지속 가능성과 상생을 위해 젠트리피케이션 방지 정책을 추진하고 있다. 지금은 서울시 구청장협의회 사무총장과 "젠트리피케이션 방지와 지속 가능한 공동체를 위한 지방정부협의회" 회장으로 관련 입법 활동과 상생 문화 확산에 기여하고 있다.

세 상에 대하여
우리가
더 잘 알아야 할
교양

정원오 지음

50

젠트리피케이션

무엇이 문제일까?

내 인생의 책

차례

※ 본문의 **굵은 글씨**로 표시된 단어는 108페이지 용어 설명에서 찾아보세요.

들어가며 : 동네가 좋아지는데 친구들은 왜 이사를 갈까요?

철수는 한강 가까운 곳에 위치한 낡고 허름한 주택가에 살고 있어요. 너무 조용해서 심심했던 동네인데 어느 날부터 재밌는 일이 생겨납니다. 다른 동네보다 집값이 쌌기 때문에 음악하고 그림 그리는 젊은 예술가들이 모여든 거예요.

젊은 예술가들은 낡은 주택을 고쳐 노래를 연습하거나 그림을 그리는 곳으로 만들기도 하고, 가죽 공예품 만드는 공방으로 바꾸어 나갔어요. 그리고 시간이 날 때마다 동네를 돌아다니며 회색빛 담벼락에 알록달록한 그림을 그리기도 하고 동네 공터에 모여 연주를 즐기며 지냈어요. 그러자 대학생 언니, 오빠 사이에서 철수네 동네는 입소문을 타고 유명해졌어요. 어느새 동네에는 사람들이 몰려오기 시작했지요. 한적했던 동네가 환해지고 마을에는 활기가 돌기 시작했어요. 덩달아 철수네 부모님이 운영하던 조그만 분식집 장사도 잘됩니다. 아이들도 어른들도 좋았어요. 아이들은 새로운 구경거리가 생겨서 좋았고, 어른들은 장사도 잘되고 집값이 올라 좋았어요.

그런데 유명한 대기업에서 운영하는 대형할인점, 커피 가게, 옷 가게가

들어오면서 개성 넘쳤던 동네가 점점 획일화된 분위기로 바뀌어 갑니다. 그것뿐이 아니에요. 월세가 너무 올라서 견디기 어렵다는 이야기가 돌면서 젊은 예술가들이 하나둘 동네를 떠나요.

철수의 친구들도 다른 동네로 이사 갑니다. 문방구집 주영이, 세탁소집 동선이, 중국집 수희도 떠났어요. 철수네 부모님의 얼굴도 예전 같지 않아요. 아버지 말씀이 건물주가 월세를 2배나 올려달라고 했답니다. 월세를 올려줄 형편이 안 되는 철수네도 결국 가게를 접고 이사 가기로 해요. 철수는 문득 궁금해졌어요. 동네가 활기차고 살기 좋아졌는데, 왜 친구들이 하나둘 다른 동네로 떠나고 철수네 마저 이사를 가야 하는 걸까요?

낯선 동네로 이사 온 첫날, 부모님과 식사를 하는데, TV에서 뉴스를 합니다. 철수가 살던 동네의 이야기였어요. 앵커 아저씨는 철수와 친구들이 이사를 가야 했던 이유가 젠트리피케이션 때문이라고 합니다. 젠트리피케이션? 철수는 또다시 궁금해요. 젠트리피케이션이 뭐지?

철수의 이야기처럼 젠트리피케이션은 우리 사회에 뜨거운 화두로 떠오른 사회현상입니다. 예술창작만으로는 생계를 유지하기 어려운 예술가들은 집값이 싼 동네를 찾아 떠나게 됩니다. 한 지역에 예술가들이 하나둘씩 모여 다양한 콘텐츠가 생기면서 독특한 문화가 조성되면 사람들은 그 문화를 즐기기 위해 동네를 찾게 되고, SNS에서는 ○○길이라는 이름을 붙이며 유명해집니다. 관심을 갖는 사람들이 많으면서 유동인구가 많아지면 동네 상권이 발달하게 됩니다. 상권의 발달은 동네 주민들의 생활에도 영향을 끼치게 돼요. 결국, 주거 임대료가 상승하고, 임대료를 감당할 수 없는 동네 주민들과 예술가들은 다른 곳으로 떠날 수밖에 없게 되는 것이지요. 이런 현상은 비단 우리나라뿐만 아니라 전 세계에서 일어나고 있는 사회현상입니다. 점점 빨라지고 있는 젠트리피케이션으로 인해 국토부에서는 전국 젠트리피케이션 실태 조사에 착수했답니다. 젠트리피케이션은 주거와 생활에 직결되는 문제이기 때문이에요. 도시의 발전으로 인해 저소득층, 예술인, 상인들은 떠돌아다니는 생활을 할 수밖에 없는 걸까요? 우리가 할 수 있는 대응 방안은 없는 걸까요? 함께 알아보도록 해요.

젠트리피케이션이 뭘까요?

낙후했던 동네의 주거지와 상권이 되살아나면서 임대료가 치솟아 원래부터 살고 있던 주민들과 상인들이 정든 일터와 집에서 내몰려 다른 지역으로 이주하는 현상을 젠트리피케이션이라고 해요. 젠트리피케이션은 1960년대 이후 서구의 구도심이 재활성화되는 과정에서 나타난 대규모 이주 현상을 분석하면서 회자되기 시작한 개념입니다.

영국을

신사의 나라라고 불러요. 신사를 영국말로 '젠트
리'라고 해요. 중세 시대 영국은 130여 년간 이어
진 백년전쟁과 장미전쟁을 거치며 귀족의 숫자가 급격히 줄어드는데, 이때
부와 지식을 겸비한 평민들이 귀족을 대신해 영국을 이끌게 됩니다. 이 사
람들을 젠트리라고 불렀어요. **젠트리피케이션(gentrification)**은 바로 이 젠트
리에서 파생된 말이에요. 신사처럼 되었다는 뜻으로, 어떤 지역이 신사들
이 모여 사는 동네처럼 깨끗하고 부유해졌다는 뜻이에요. 그래서 젠트리
피케이션을 고급 주거지화라는 말로 옮기는 사람도 있어요. 원래는 낙후
한 지역에 외부인이 들어와 지역이 경제적으로 활성화된다는 점에서 긍정
적인 의미로 쓰이기도 했지만, 최근에는 외부인이 유입되면서 부동산 가격
이 상승해 본래 거주하던 주민과 상인이 밀려나는 부정적 의미로 많이 쓰
이고 있답니다.

신사들이 사는 동네처럼?

도시의 변화를 이해하는 학술용어로 젠트리피케이션을 처음 사용한 사
람은 영국의 도시사회학자 루스 글래스(Ruth Glass)입니다. 1960년대 런던

변두리 빈민가에 중산층이 모여들었어요. 사람이 많고 집값이 비싼 런던 중심가를 피해 넓고 편안한 집에서 살기 위해서였습니다.

중산층은 변두리 빈민가에 방치된 낡고 허름한 주택을 구매해 살기 좋고 예쁘게 수리하여 거주했어요. 이런 일은 한두 사람의 아이디어로 시작되었으나, 얼마 지나지 않아 유행되었지요. 그러자 이곳에서도 철수가 살던 동네와 비슷한 일이 일어납니다. 집값이 오르며 원래부터 살고 있던 사람들, 특히 세 들어 살고 있던 저소득층이 집값을 감당하지 못하고 동네를 떠나게 되는 겁니다. 루스 글래스는 현대 사회 중산층의 사회적 지위

알아두기

첼시와 햄프스테드, 어제와 오늘

루스 글래스가 젠트리피케이션의 최초 발생지역으로 지목한 곳은 런던 서부 지역의 첼시와 햄프스테드에요. 첼시 하면 영국의 명문 축구구단 FC 첼시를 떠올리겠지만, 축구팀 첼시의 실제 연고지역은 첼시 옆 동네인 풀럼입니다.

첼시는 런던의 한강인 템스강 북쪽에 위치한 동네인데, 오래전부터 예술가와 작가들이 모여 살던 곳이지요. 1960년대부터 패션 문화의 중심지로 주목받으며 젠트리피케이션이 일어났다고 합니다. 햄프스테드는 첼시에서 조금 더 북쪽으로 올라가면 있는 동네인데 영화 촬영지로 유명한 켄우드 하우스 저택과 런던 시내를 내려다볼 수 있는 팔러먼트 언덕이 있는 거대한 규모의 생태공원 '햄프스테드 히스'가 자리 잡고 있습니다. 두 동네 모두 과거에는 런던의 변두리였지만, 최근에는 영국에서 최고로 집값이 비싼 부유한 동네로 손꼽히고 있습니다.

와 특성이 과거 영국의 젠트리와 유사하다는 점에 착안해 중산층의 이주 때문에 동네의 겉모습뿐만 아니라 사는 사람들까지 아주 짧은 시간 동안 모조리 바뀌는 현상을 젠트리피케이션이라 불렀어요.

젠트리피케이션은 영국에서만 일어나는 현상이 아니에요. 뉴욕이나 파리, 북경, 도쿄 등 세계의 이름난 도시 대부분에서 일어나고 있어요. 우선 뉴욕 브루클린으로 가볼까요? 최근 젠트리피케이션 때문에 심한 몸살을 앓고 있는 도시랍니다.

뜨는 동네의 역설, 젠트리피케이션

세계 최고의 도시 뉴욕에서도 가장 번화하다는 맨해튼, 이곳에서 동쪽으로 강 하나를 건너면 브루클린이라는 도시가 자리하고 있습니다. 10년 전만 해도 브루클린은 무척이나 후미지고 위험해 범죄의 온상처럼 여겨지던 동네였어요. 그런데 얼마 전부터 이곳에 예술가들이 모여들었습니다. 맨해튼에는 그림을 전시하고 판매하는 화랑이 모여 있는 소호, 연극이나 뮤지컬 극장이 모여 있는 브로드웨이 거리가 있거든요. 예술가들은 이곳에서 전시회를 열거나 공연도 하고, 일자리를 찾습니다.

맨해튼의 집값은 세계 최고 수준입니다. 소득이 불안정한 예술가들은 맨해튼에 집을 얻기 힘들어요. 그래서 찾게 된 곳이 브루클린이었어요. 맨해튼하고 가까우면서도 집값이 싸거든요. 예술가들은 브루클린에 들어와 빈 창고를 개조하여 집과 작업장을 만들고, 동네 담벼락에 그림을 그리거나 거리에서 공연을 펼치기도 했어요. 그러자 동네 분위기가 한결 산뜻해지고 세련되면서도 독특하게 변해갔습니다.

이제 어떤 일이 벌어질지 여러분도 잘 알 거예요. 예술가들을 뒤따라 중산층이 이사를 오고, 이들의 움직임을 본 부동산 투자자들과 건설업자들이 바쁘게 움직입니다. 당연히 집값이 오르고 원래 살던 사람들은 물론, 동네를 살기 좋게 바꾼 예술가들은 다른 곳으로 떠날 수밖에 없게 되지요. 브루클린의 예술가들은 허탈합니다. 살기 좋은 동네로 만들어놨더니 집값이 오르며 부동산 투자자나 건설업자의 주머니만 채워준 꼴이 되어버렸기 때문이에요. 원래부터 살고 있던 브루클린 주민들은 또 어떨까요? 막막합니다. 누가 뭐라 해도 오랜 세월 정붙이고 살던 동네이고, 살기 좋아져서 기뻐했는데 집주인들이 집세를 올리며 돈 없으면 무조건 나가라고 하니까요.

┃ 미국의 대표 도시로 불리는 뉴욕은 가장 발달한 도시이자 젠트리피케이션의 샘플이라고
  할 수 있다. 상업 도시이기에 자본과 인구가 몰리며 젠트리피케이션이 발생한 것이다.

브루클린에서 벌어진 일은 젠트리피케이션의 교과서라고 할 수 있답니다. 예술가들에 의해 시작된 동네의 변화에 돈 문제가 개입되면서 원래 살던 사람들을 지역 밖으로 내모는 결과를 낳고 있기 때문이에요. 사회현상은 때와 장소, 집단에 따라 다양한 모습을 띠곤 합니다. 하지만 그 원인은 결국 한두 가지로 귀결되곤 해요. 그렇다면 젠트리피케이션을 일으키는 원인은 무엇일까요?

사례탐구 영화로 보는 젠트리피케이션

〈브루클린의 멋진 주말〉은 브루클린에 사는 화가 알렉스와 은퇴한 교사루스의 이야기를 다룬 영화입니다. 알렉스는 흑인 남성이고 루스는 백인 여성인데 세상의 편견을 딛고 결혼하여 브루클린의 낡은 아파트에서 수십 년동안 살아왔습니다. 그런데 브루클린의 집값이 마구 뛰어오르자, 자신들의낡은 아파트를 팔아서 노후 자금을마련하려 하지요. 하지만 부부가 평생을 함께해온 추억이 고스란히 담긴 집을 팔 수 없어 포기하고 계속 살기로 한다는 내용입니다.

　젠트리피케이션을 다룬 영화는 아니지만 〈브루클린의 멋진 주말〉은 최근 브루클린에서 일어나고 있는 변화를 실감 나게 관찰할 수 있게 해 주는 영화입니다.

간추려 보기

- 젠트리피케이션은 젠트리에서 파생된 말이다. 신사들이 모여 사는 동네처럼 깨끗하고 부유해졌다는 뜻이지만, 우리나라에서는 둥지 내몰림이라고 번역하여 사용한다.
- 젠트리피케이션은 도시 환경이 변하면서 중, 상류층이 도심의 낙후된 지역으로 유입되고, 이로 인해 임대료 등이 상승하면서 비싼 월세 등을 감당할수 없는 사람들이 다른 곳으로 밀려나는 현상이다. 주거 및 상업 공간 모두에서 발생하고 있다.

왜 일어날까요?

젠트리피케이션은 전 세계 주요 도시에서 거의 공통으로 발견되는 현상입니다. 도시마다 서로 다른 역사를 가지고 있으며 경제적 발전수준과 문화적 특징도 다 제각각인데도 똑같은 사회현상이 발생하는 겁니다. 이로부터 우리는 다양한 도시들을 관통하는 공통적인 도시생태원리가 존재하며 이것이 곧 젠트리피케이션의 원인이란 것을 알 수 있습니다.

사회를 연구하는 학자는 사회현상의 원인을 사람과 구조 둘 중 하나에서 찾는 경향이 있습니다. 사회

현상이 한 사회의 다수를 구성하는 집단의 특이한 사고방식이나 행동 양식 때문에 발생한다고 보는 학자들이 있는가 하면, 사회의 법률이나 제도

사례탐구 *사람과 구조, 무엇이 진짜 원인일까?*

사회현상의 원인을 사람과 구조 중 무엇에서 찾을 것인가는 쉽게 끝나지 않는 논쟁입니다. 최근에는 두 가지를 수렴하는 방향으로 사회 현상이 연구되고 있어요. 사회현상에 대한 사람들의 생각과 행위가 구조를 만드는 한편, 이렇게 형성된 구조가 사람들의 생각과 행위에 영향을 미친다는 거예요. 무엇이 근본적 원인이냐가 아니라 사람과 구조 사이의 상호작용을 역동적 관점에서 분석하는 것입니다. 여러분도 앞으로 여러 가지 사회현상에 대해 사람과 구조가 각각 어떤 영향을 끼치고, 두 가지 사이에 상호작용이 어떻게 일어나는지를 살펴봐야 해요. 지식은 그냥 책을 읽고 외운다고 생기는 게 아니라, 이런 사고 훈련을 통해 자라나는 거랍니다.

또는 문화가 가진 고유한 특성 때문에 발생한다고 보는 학자들도 있어요. 젠트리피케이션을 일으키는 진짜 원인은 무엇일까요?

사람일까? 구조일까?

A시의 교통사고율이 다른 지역보다 높다고 가정해볼까요? 어떤 사람들은 A시 주민의 성격이 조급해 무단횡단이나 과속을 일삼았기에 나타난 결과라고 말합니다. 그런데 다른 사람들은 A시의 도로망이 다른 지역보다 복잡하고, 도로 반사경이나 신호등 같은 교통안전시설이 부족해서라고 말합니다. 교통안전시설이 부족해서라고 주장하는 사람은 설령 A시 주민들이 느긋한 성격이고 교통법규를 잘 지킨다고 해도 교통 사고율은 여전히 높게 나왔을 거라고 말할 거예요. A시의 높은 교통 사고율은 주민들의 생활 태도나 준법정신과는 무관하게 A시의 잘못된 도로구조와 교통안전 시스템에서 비롯된 현상이라고 생각하기 때문이에요.

또 다른 예로 전쟁을 들어볼까요? 전쟁이 인간의 본성적인 탐욕과 폭력성 때문에 일어난다고 보는 사람들이 있는가 하면, 국가들 사이의 갈등과 폭력을 단속하고 규제할 힘이 없기 때문에 일어난다고 보는 사람들이 있습니다. 이 역시 사람과 구조 사이의 문제입니다. 전쟁의 원인을 인간 본성에서 찾는 사람은 인간의 탐욕과 폭력성을 변화시킬 수 있는 도덕 교육을 강조하겠지요. 하지만 인간 본성의 선, 악과 무관하게 국제사회의 구조변화가 없으면 전쟁은 그치지 않을 거라고 보는 사람은 국제연합 (UN) 평화유지군의 상설 운영 같은 걸 해법으로 제시할 겁니다.

닭이 먼저냐, 달걀이 먼저냐 하는 논쟁처럼 사람과 구조 중 어느 것이

사회현상의 진짜 원인인지를 밝히는 건 쉽지 않은 일입니다. 그럼에도 많은 사람이 이런 논쟁을 벌이는 이유는 다양한 사회현상에 처했을 때 올바르게 대처하기 위해서입니다. 몸이 아플 때, 이유가 무엇인지 알아야 제대로 된 처방을 받을 수 있는 것처럼 사회현상도 원인이 무엇인지 정확히 알아야 해법을 찾을 수 있거든요.

젠트리피케이션도 마찬가지입니다. 지리학자인 데이비드 레이(David Ley)는 제2차 세계 대전 이후 서구 사회에 출현한 **신중산층**이 젠트리피케이션을 일으킨 주역이라고 보았지만, 닐 스미스(Neil Smith)는 지대 격차라는 도시의 부동산 시장 구조가 젠트리피케이션의 원인이라고 주장했어요.

베이비붐 세대, 도시로 돌아오다

제2차 세계 대전 이후, 서구 사회에서는 출산율이 급격히 늘어나는 현상이 나타났어요. 1945년부터 1960년대까지 약 20여 년간 지속된 현상으로, 이때 태어난 사람을 **베이비붐 세대**라고 부릅니다. 오랜 전쟁 끝에 찾아온 평화로 세계 경제가 빠르게 성장하던 때였기에 베이비붐 세대는 부모 세대보다 풍요로운 환경에서 자라났고 교육수준도 높았습니다.

그런데 베이비붐 세대가 대학을 졸업하고 취업하는 1970년대를 전후한 시기에 서구 대도시의 많은 곳에서 젠트리피케이션이 일어납니다. 도시문제를 연구하는 학자들 중에 이에 주목하는 사람들이 생겨났어요. 베이비붐 세대와 젠트리피케이션 사이에 어떤 연관성이 있지 않을까란 의문을 품게 된 거지요.

대표적인 인물이 지리학자 데이비드 레이입니다. 그는 서구 산업사회의 구조가 장대한 대규모 생산설비를 앞세운 제조업에서 아이디어와 소프트웨어가 중시되는 지식·서비스산업 중심으로 변화하고 있으며, 생산직에 종사하는 블루칼라 노동자 대신 고소득 전문직에 근무하는 화이트칼라 노동자가 새로운 산업사회의 주인공으로 등장하고 있다고 봤어요.

데이비드 레이가 말하는 산업사회의 변화를 3차 **산업혁명**이라고도 해

▌ 기계의 발달로 인해 사람 중심이 아닌 기계 중심으로 공장이 돌아가고 있다.

요. 컴퓨터가 널리 사용되고 공장 자동화 시대가 열리면서 인간의 역할은 자동화된 생산 시스템을 관리하는 것과 디지털 기술을 활용한 마케팅, 소프트웨어 개발 등에 초점이 맞춰집니다.

3차 산업혁명은 대략 1970년대에 시작된 것으로 보는데, 베이비붐 1세대가 대학을 졸업하고 사회에 진출하는 시기와 겹쳐요. 이들 중 대다수가 법조계, 금융계, 광고업 같은 **고부가 가치** 서비스업이나 애플, IBM 같은 첨단산업체에 관리직, 연구 개발직으로 취업합니다.

당시 화이트칼라 노동자로 사회에 진출한 베이비붐 세대를 여피(yuppie)라고 불렀어요. 젊은(young) 도시(urban) 전문직(professional)의 약자인데, 부모세대의 중산층과는 사회 문화적 측면에서 다른 특성을 가지고 있었어요. 그래서 데이비드 레이는 이들을 신중산층이라고도 불렀어요.

부모세대에는 근검절약과 저축을 강조하며 도시 중심가에서 멀리 떨어진 한적한 주택가에서 살고 싶어 했습니다. 이런 성향이 **교외화**란 현상을 낳았습니다. 자동차가 보급되면서 먼 거리에 있는 직장으로의 출퇴근이 가능해졌기에, 많은 사람이 도시에서 벗어나 교외에서 살게 된 거예요.

그런데 이와 달리 베이비붐 세대며 여피로 불리는 신중산층은 개성 있고 감각적인 소비생활을 즐기려는 경향이 강했어요. 이들은 퇴근 후 곧바로 집에 가는 것이 아니라 쇼핑과 문화생활을 즐길 수 있는 도시에서 살고 싶었어요. 그래서 부모세대와 정반대로 교외에서 도시 중심부로 이주해옵니다. 게다가 신중산층은 번화한 곳이 아닌 낡고 허름한 동네에 집을 구했어요. 비싸고 획일적인 디자인을 가진 대형 아파트가 마음에 들지 않아서였어요. 낡은 동네의 건물을 싼값에 매입해 자기만의 취향으로 고쳐

사는 것이 훨씬 경제적이고 멋있다고 생각했지요.

데이비드 레이는 "자유도시와 후기산업 도시"란 논문에서 위와 같은 상황을 서술하면서 서구 산업사회의 새로운 주역으로 등장한 신중산층의 사회·문화적 특성과 주거 양식이 젠트리피케이션의 원인이라고 주장했어요.

데이비드 레이의 주장은 1970년대 이후 서구 대도시에서 젠트리피케이션이 갑자기 활발해진 이유를 찾는 데 어느 정도 도움을 줍니다. 그러나 데이비드 레이의 주장이 맞으려면 신중산층이 형성되어 있지 않은 곳에서는 젠트리피케이션이 일어나지 말아야 하는 거 아닐까요? 정말 그랬을까요?

사례분석 **산업혁명과 도시**

역사를 바꾼 가장 중요한 사건은 무엇일까요? 1769년 영국인 제임스 와트가 증기기관을 발명하면서 일어난 1차 산업혁명이랍니다. 공장에서 기계의 힘으로 많은 제품이 쏟아져 나오고 지상에서는 철도, 바다에서는 증기선이 운행하게 돼요. 2차 산업혁명은 20세기 초반 전기기관이 도입되면서 예전보다 더 많은 제품을 더 싼 값에 생산할 수 있게 된 것을 가리킵니다. 3차 산업혁명은 1970년대 컴퓨터가 대량 보급되면서 일어난 정보통신혁명을 가리키는 말입니다. 그리고 21세기 들어 인공지능 때문에 4차 산업혁명이 일어나고 있어요. 산업혁명은 경제에만 영향을 끼치지 않고 정치와 사회, 문화에도 큰 변화를 일으켜요. 도시도 마찬가지입니다. 산업 혁명이 일어날 때마다 도시에 더 많은 사람이 모이면 집값, 땅값이 비싸지고, 그러면 젠트리피케이션이 일어나게 돼요.

지대 격차가 있는 곳이면

신중산층은 산업이 고도화된 **선진국**에서만 나타날 수 있는 계층인데 젠트리피케이션은 베트남이나 인도네시아 같은 **개발도상국**에서도 일어납니다. 게다가 상가 지대에서 일어나는 젠트리피케이션은 다양한 계층이 포함된 젊은 소비자들이 주도하며 정부가 낙후한 **구도심**을 재개발하면서 그 여파로 젠트리피케이션이 일어나기도 합니다.

이처럼 젠트리피케이션은 신중산층뿐만 아니라 다양한 사회집단에 의해 일어날 수 있습니다. 그렇다면 모든 사람을 젠트리피케이션이란 사회 현상에 가담케 하는 근본적인 원인이 따로 존재하는 것은 아닐까요? 사람들의 생각이나 행동과 무관하고 오히려 영향을 끼치는 구조적 원인이 작용하고 있는 것은 아닐까요?

이에 대해 지리학자인 닐 스미스는 **지대 격차**가 젠트리피케이션의 원인이라고 주장합니다. 상당히 어려운 말인데, 쉽게 말해 토지와 건축물에서 얻는 이윤 사이의 격차로 이해하면 큰 문제가 없을 겁니다.

예를 들어 서울에 '홍길동 길'이라는 동네가 있다고 가정해봐요. 아주 낡고 오래된 건물들이 모여 있고 주민들도 대부분 늙고 가난한 사람들입니다. 당연히 이곳의 땅값, 집값은 매우 쌉니다. 서울의 땅값이 1㎡당 평균 1,000만 원인데 비해, '홍길동 길'의 땅값은 1㎡당 평균 300만 원입니다.

그런데 '홍길동 길'에 갑자기 지하철이 개통되면서 종합쇼핑몰이 들어섭니다. 뒤를 이어 이런저런 새 건물이 들어서면서 거리 분위기가 바뀝니다. 그러자 땅값이 평균 1,100만 원으로 오릅니다. '홍길동 길'에 새로운 건물을 지은 사람은 800만 원의 이익을 보았어요. 반면, 서울의 다른 지역에서 새로운 건물을 지으면 땅값이 평균 1,000만 원에서 1,300만 원으로 올라 300만 원의 이익을 볼 수 있습니다.

이제 다시 '홍길동 길'이 개발되기 이전으로 돌아가 봐요. 이 시점에서 1m²당 평균 300만 원인 '홍길동 길'의 땅값을 닐 스미스는 현실 지대라고 부릅니다. 그리고 지하철 개통, 종합쇼핑몰 신축과 같은 개발행위가 이뤄졌을 때의 땅값 1,100만 원을 잠재적 지대라고 합니다. 다시 말해, 낙후한 구도심이 개발되고 나서 구현되는 미래가치가 잠재적 지대인 거예요.

지대 격차는 바로 이 잠재적 지대에서 현실 지대를 뺀 값이에요. '홍길동 길'의 지대 격차는 800만 원이고, 서울의 다른 지역은 300만 원이지요. 여러분이 건설사 사장이라고 했을 때, 어디에 건물을 지을 건가요? 당연

▌산업화가 진행되고 있는 개발도상국의 도시 체계에서 많이 나타나는 도시의 풍경으로, 주로 고층 건물들로 이루어져 있다. 그러나 도시의 선별적인 과대 성장으로 나타나는 도시화 현상은 도시 체계의 불균형을 가져오기도 한다.

히 지대 격차가 높은 '홍길동 길'에 건물을 짓고 싶지 않을까요?

닐 스미스의 논리에 따르면 1970년대 이전 서구의 중산층이 교외로 나가 산 것도, 그 이후 신중산층이 도심으로 돌아온 것도 그들의 사회 문화적 특성이 아닌 지대 격차 때문입니다. 주택을 지어서 파는 사람의 입장에서 볼 때 자동차가 널리 보급되고 도시가 커지는 조건에서 굳이 땅값 비싼 도시 중심부에 주택을 지어 파는 것보다는 땅값이 싼 교외에 집을 지어 파는 게 더 큰 이익이었던 거예요.

반대로 사람들이 교외에 몰려 있고 도시 중심부가 **슬럼화**되어 땅값이 떨어진 조건에서는 교외보다 도시 중심부에 주택을 지어 파는 게 더 큰 이익입니다. 상가 지대에서 일어나는 젠트리피케이션도 마찬가지인데, 도시 중심부에 상가를 짓는 것보다는 낡고 허름하지만, 발전 가능성이 큰 동네에 상가 건물을 지어 파는 것이 더 큰 이익을 남길 수 있어요. 그런데 이처

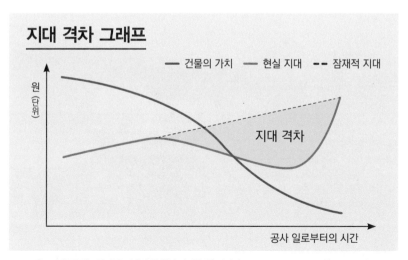

지대 격차는 잠재적 지대에서 현실 지대를 뺀 값이다.

럼 낙후한 동네가 **재개발**되면 그곳의 상인이나 주민들은 동네 밖으로 내몰리게 돼요. 젠트리피케이션이 일어나는 겁니다.

데이비드 레이와 닐 스미스 중 누구의 말이 맞을까요? 닐 스미스의 주장이 훨씬 더 체계적인 것처럼 보이지만, 사람들이 움직이면서 젠트리피케이션이 일어나는 것도 부정할 수 없는 사실입니다.

신중산층이란 개념에 집착하지 않는다면, 일상 속에서 문화·예술인이나 젊은 소비자들이 움직이며 동네가 변해가면서 젠트리피케이션이 일어나는 것을 눈으로 목격할 수 있어요. 이는 결국 젠트리피케이션이 어떻게 일어나고 있는지를 구체적으로 살펴보아야 풀 수 있는 문제입니다.

▎ 산업화로 인해 도시 변두리에 살던 주민들이 일자리를 찾아 도시로 떠나자, 아무도 찾지 않는 이 도시는 점점 황폐해져 가고 있다.

도시를 공부하는 사람들

국문학, 역사학, 물리학, 기계학처럼 도시를 연구하는 학문을 도시학이라고 합니다. 원래는 지리학의 한 분야였지만, 도시의 중요성이 강조되면서 따로 독립하고 있어요. OECD 국가의 평균 도시화율이 약 50%에요. 그리고 발전된 나라일수록 도시화율은 70~80%에 이릅니다. 우리나라의 도시화율은 세계 최고 수준으로 약 90%가 넘어요. 그만큼 많은 사람이 도시에 모여 살고 있기 때문에 도시를 이해하는 것이 곧 인간을 이해하는 일이 되고 있습니다. 도시학은 도시가 어떻게 탄생하고 성장하며, 쇠퇴하는지 공부하는 학문이에요. 루스 글래스, 데이비드 레이, 닐 스미스도 도시학자랍니다. 이들 말고도 많은 도시학자들이 더 살기 좋은 도시를 만들기 위해 열심히 공부하고 있답니다.

간추려 보기

- 젠트리피케이션을 바라보는 관점은 크게 두 가지가 있다. 첫 번째는 신중산층의 출연이고, 두 번째는 지대 격차라는 도시 부동산 시장의 구조이다.
- 도심으로의 접근성이나 삶의 편리성을 중요하게 여기는 베이비붐 세대의 등장으로 주거수요가 작용하여 도심 젠트리피케이션을 불러오는 배경요인이 되었다.
- 자동차가 널리 보급되고, 도시가 커지자 땅값이 싼 교외로 나가 살면서 도시 교외화 및 슬럼화가 일어났다.

어디서, 누가, 어떻게 일어날까요?

사회 문화 현상은 인간의 가치나 신념이 반영되어 발생하기도 하고, 인간의 규범적 요구가 반영되어 나타나기도 합니다. 원인과 결과에 인간의 주관이 개입되기 때문에 예외적인 현상이 나타날 수 있어요. 그래서 시대와 사회의 맥락에 따라 사회 문화 현상은 특수하게 나타납니다. 젠트리피케이션이라는 사회현상은 어떻게 일어날까요?

사회현상을 공부하는 목적은 그 현상에 슬기롭게 대처하기 위해서입니다. 좋은

사회현상이면 오래가도록 처방하고, 나쁜 현상은 피해가 퍼지지 않도록 막아야 합니다. 그런데 젠트리피케이션만 해도 세계 각국의 수많은 도시에서 일어나고 있습니다. 도시의 사례를 제각각 연구해서는 젠트리피케이션을 이해하기 힘들뿐더러 대처하기도 힘듭니다. 이럴 때 쓰는 방법이 비슷한 사례들을 묶어서 유형별로 분석하는 겁니다. 유형은 "성질이나 특징 따위가 공통적인 것끼리 묶은 하나의 틀, 또는 그 틀에 속하는 것"을 뜻합니다. 이처럼 비슷한 것끼리 묶어서 공통점과 차이점을 분석해 놓으면 세계 각지에서 일어나는 젠트리피케이션의 특징을 빠르게 이해할 수 있고 미래를 예측해 대처할 수 있답니다.

어디서 일어나나?

젠트리피케이션의 유형을 구분하는 방식은 크게 세 가지로 나눌 수 있어요. 젠트리피케이션이 일어나는 지역의 특성, 또는 그것을 일으키는 사회집단을 기준으로 구분하거나, 젠트리피케이션이 일어나는 과정과 속도를 기준으로 구분할 수 있어요.

　우선 지역의 특성을 중심으로 나눠보아요. 낡고 허름한 동네의 주택을 고치거나 재건축하면서 생겨나는 것을 **주거 젠트리피케이션**이라고 합니다. 도시사회학자 루스 글래스가 젠트리피케이션이란 말을 처음 쓰게 된 것은 영국 런던 서남부 첼시와 서북부 햄프스테드란 동네에서 일어난 급격한 주민 교체 현상 때문이었어요. 현재도 주거 젠트리피케이션은 세계 주요 도시 대부분에서 발생하고 있습니다. 뉴욕, 런던, 시드니 같은 서구 도시에서는 낡은 건물 하나하나가 리모델링이 되면서 일어나고 있으며 상하이나 서울 같은 동아시아 도시는 정부나 대기업에 의해 낡은 주택가가 한꺼번에 철거되고 고급 주택이 들어서면서 일어납니다.

❚ 정부나 민간 기업에 의해 한꺼번에 철거되고 재개발된 홍콩 아파트촌은 특색 없이 비슷한 건물들로 채워져 있다.

상업 젠트리피케이션은 노후 주택가나 영세한 상가 지대가 중산층을 대상으로 한 상권으로 빠르게 변화하는 것을 말합니다. 최근 우리나라의 젠트리피케이션은 대부분 홍대 앞, 서촌, 경리단길, 가로수길 같은 상가 지대에서 일어나고 있습니다. 프랑스 문화를 공간적으로 상징하는 파리의 골목상권도 대기업 프랜차이즈나 고급 부티크가 기존 상인들을 밀어내는 상업 젠트리피케이션이 일어나 파리시 정부가 이를 막기 위해 팔을 걷어붙이고 있지요.

문화·예술 젠트리피케이션은 예술가들이 낙후한 동네에 들어와 살면서 일어나는 변화를 말해요. 임대료가 싼 주택가나 상가 지대에 예술가들이 들어와 살며 가게를 내고 동네를 꾸미면 주거 또는 상업 젠트리피케이션과 똑같은 현상이 나타나게 됩니다.

문화와 도시의 상호관계를 연구하는 학자인 비안치니(F. Bianchini)는 예술가들이 젠트리피케이션의 돌격대라고 말했습니다. 데이비드 레이는 꼭 그런 것은 아니지만 예술가들 때문에 젠트리피케이션이 발생하는 일이 매우 빈번하다고 했어요. 또한, 예술가들이 많은 동네에서 젠트리피케이션이

전문가 의견

예술가와 젠트리피케이션의 관계는 필연적인 관계라고 볼 순 없지만 매우 빈번한 것은 사실이다.

— 데이비드 레이 지리학자

일어날 가능성이 크다는 걸 객관적으로 입증한 연구결과도 있다고 해요.

예술가들과 젠트리피케이션 사이의 밀접한 관계에 대해서 살펴보면, 사람과 구조 중 어느 것이 젠트리피케이션의 진짜 원인인지에 대해 의미 있

알아두기

그래피티 아트

화가들이 붓이나 스프레이로 건물 벽이나 건물 담벼락에 벽화를 그리는 행위를 그래피티 아트(graffiti art)라고 해요. 처음에는 기존 사회체제에 대한 예술적 반항이자 공공건물이나 일반 시민의 사유 재산에 손상을 가하는 범죄 행위로 인식되어 단속의 대상이 되기도 했어요. 하지만 점차 도시의 거리를 표현 도구로 삼는 예술 행위로 이해되어 묵인되거나 심지어 도시를 멋스럽게 바꿔준다는 이유로 권장의 대상이 되기도 했어요. 최근에는 도시의 일부 지역에서만 그래피티 아트를 허용하고 다른 지역은 금지하는 방식으로 관리되고 있습니다.

▌ 미국의 대표적인 젠트리피케이션 발생지 소호 거리의 모습이다. 예술가들이 들어와 특색 있는 거리를 만들자 천정부지로 세가 오르고, 감당할 수 없는 예술가들이 떠나가 버렸다. 그 자리에는 대형 자본만이 남아있다.

는 시사점을 얻을 수 있습니다. 낙후한 구도심이 재개발되어 높은 지대 격차를 실현하려면 일단 사람들의 관심을 얻어야 합니다. 사람들의 관심이 없다면 재개발이 된다고 해도 땅값이 많이 오르지 않겠지요. 애초에 관심이 없는 곳에는 잘 투자하지도 않습니다.

그런데 예술가들이 어떤 동네에 들어가서 그들의 탁월한 재능으로 아름답게 꾸며놓는 겁니다. 아무리 낡고 허름한 건물이라도 예술가의 손을 거치면 세련되고 맵시 있게 변하거든요. 그러면 자연스럽게 사람들의 관심을 받는 동네로 거듭나게 됩니다.

낡은 동네를 환하고 예쁜 동네로 바꾸는 예술가의 재능이 젠트리피케이션을 일으키는 인간적 요소라면 지대 격차는 구조적 요소라고 할 수 있어요. 젠트리피케이션은 이 두 가지 요소가 서로 만나면서 발생하는 겁니다. 낙후한 구도심에 지대 격차가 저절로 작용하여 젠트리피케이션이 일어나는 것은 아니란 거예요.

물론 예술가들의 재능이 젠트리피케이션을 일으키는 유일한 인간적 요소는 아니에요. 젊고 창의적인 상인이나 독특한 개성을 중시하는 중산층 거주자, 건설업자나 심지어 정부가 낙후한 구도심의 경제적 가능성을 일깨우는 인간적 요소로서 작용하는 때도 있어요. 과연 누가 젠트리피케이션을 일으키는 걸까요?

생각해 보기

예술가들이 모이면 왜 사람들이 모여드는 걸까요?
인간은 단순히 먹고사는 걸로 만족하는 존재가 아니에요. 자신이 어디서 왔고 어디로 갈지, 왜 살아야 하며 무엇을 위해 사는지를 알아야 하지요. 이런 걸 삶의 의미를 부여하는 행위라고 하는데, 그게 바로 예술이에요. 예술을 통해 인간은 스스로의 삶에 의미를 부여하고, 그것을 다른 사람과 나누면서 행복을 느껴요. 이를 통해 인간은 단순히 먹고사는 동물에서 고귀한 목적을 지닌 특별한 존재로 거듭나게 되는 거예요. 예술가들이 그림을 그리고 춤을 추고 노래하는 장소에 사는 사람들은 그런 행위를 지켜보면서 자신의 삶에도 무언가 특별한 의미가 부여되는 것처럼 느끼게 돼요. 따라서 예술가들이 모인 동네에 사람들이 모여드는 것은 단순히 동네가 예뻐져서만은 아니에요. 그런 점에서 문화 · 예술 젠트리피케이션은 자신의 인생에 특별한 의미를 부여하고픈 인간의 욕망이 빚어내는 사회현상이라고도 볼 수 있답니다.

누가 일으키나?

젠트리피케이션을 일으키는 사회집단을 중심으로 구분하면 개척자 젠트리피케이션, 개발자 젠트리피케이션, 신축 젠트리피케이션으로 나눌 수 있습니다.

개척자 젠트리피케이션은 예술가, 젊고 창의적인 상인, 신중산층과 같은 개인이 낙후한 동네에 들어가 주거지나 가게를 마련하면서 발생하는 젠트리피케이션입니다. 애초에 이걸 의도하고 들어온 건 아니에요. 그저 살 자리와 일자리를 마련하기 위해 낡고 허름한 동네에 들어온 것이고, 각자의 문화적 취향에 따라 집과 가게를 꾸몄을 뿐입니다. 그 때문에 젊은 소비자들이 동네로 모여들면서 젠트리피케이션이 일어나면, 임대료 상승을 감당하지 못해 동네 밖으로 내몰리곤 합니다.

뉴욕의 브루클린, 서울의 홍대 앞에서 일어난 젠트리피케이션은 누가 작정하고 일으킨 게 아니었습니다. 예술가들과 젊고 창의적인 상인들이 다른 지역보다 싼 임대료와 편리한 교통 환경을 보고 이 동네에 들어와 가게를 차렸을 뿐이지요. 그리고 동네가 살아나면서 젠트리피케이션이 일어나자, 이 동네들을 띄운 예술가와 상인들은 동네 밖으로 내몰렸습니다.

개발자 젠트리피케이션은 건설업자나 부동산 투자자처럼 상업적 이해관계를 가진 개인이나 기업이 일으키는 젠트리피케이션입니다. 개척자 젠트리피케이션의 뒤를 이어 나타나는 경향이 있어요.

뉴욕 브루클린의 젠트리피케이션은 개척자 젠트리피케이션으로 시작되었어요. 그런데 이 지역에 투자하면 돈을 많이 벌 수 있다고 느낀 사람들이 낡은 주택이나 공장, 창고 건물을 매입해 고쳐서 판매합니다. 개척자들과 달리, 이들은 애초부터 돈을 벌기 위해 들어왔고 적극적으로 젠트리피케이션을 조장합니다.

홍대 앞, 서촌, 경리단길도 이런 전철을 밟았어요. 이 동네가 뜬다는 걸 알게 된 대기업과 부동산 투자자들이 건물을 사들여 프랜차이즈를 내거나 재건축을 했지요. 그 틈새에서 부동산 중개업자들은 동네 집값, 땅값이 크게 오를 거라면서 임대료 상승을 부추기기도 합니다. 이처럼 개발자들이 개입하면 젠트리피케이션 속도는 무척 빨라집니다.

그래서 긍정과 부정이 엇갈리는 개척자 젠트리피케이션과 달리, 개발자 젠트리피케이션에 대해서는 많은 사람들이 부정적입니다. 개척자 젠트리피케이션은 비교적 천천히 진행되기에 사람들이 여유를 가지고 대응할 수 있어요. 또한, 낡고 허름한 동네를 발전시키는 효과도 있답니다.

하지만 개발자 젠트리피케이션은 부동산 가격이 빠르게 올라서 사람들이 대응할 여유도 없을뿐더러 동네를 발전시키는 효과도 미미해요. 겉으로 보기에는 새 건물이 많아지면서 발전하는 것처럼 보이지만, 그로 인한 경제적 이득이 동네 사람들보다는 외부에서 들어온 부동산 투자자나 기업에게 돌아가거든요.

이런 사례를 신촌과 이대 앞에서 볼 수 있습니다. 한때 이곳은 국내 최고의 상권이었어요. 그런데 임대료가 가파르게 오르고 대기업 프랜차이즈가 들어오면서 도리어 젊은 소비자들의 발길이 뜸해지게 됩니다.

젊은이들의 새로운 감각을 자극하는 다양한 가게가 사라지고 획일적인 카페와 술집, 쇼핑몰이 들어서면서 거리의 독자적 매력이 상실되었기 때문입니다. 그러다 보니 빈 건물이 늘어나고 건물값과 임대료가 떨어지

❚ 아무 개성 없이 어디에서나 볼 수 있는 술집과 음식점들이 즐비해 있는 신촌 거리의 모습.

면서 지역에서 오랜 시간 살아온 건물주들은 경제적으로 큰 손해를 보게 되지요. 이때는 이미 외부에서 들어온 부동산 투자자나 기업이 동네를 떠난 뒤예요.

신축 젠트리피케이션은 중앙정부나 지방정부가 중산층과 기업을 유인하기 위해 대규모 건설업자와 협업해 낙후한 구도심이나 변두리 동네를 한꺼번에 철거하고 재개발하는 것을 가리키는 말이에요.

2000년대 중반 독일 함부르크시 정부가 기업과 고급 인력을 도시로 유치하겠다며 항만 일대의 구도심을 일제히 철거하고 새로운 건물들을 지은 적이 있어요. 이렇게 하면 일단 철거 대상 지역의 주민들이 동네를 떠나게 되고, 재개발 사업이 끝나고 나서는 주변 땅값이 오르며 젠트리피케이션이 더욱 넓은 지역으로 퍼져 더 많은 사람이 떠나게 됩니다. 비슷한 시기에 서울에서 진행된 뉴타운 사업도 비슷한 사례랍니다.

함부르크는 어떤 도시인가요?

함부르크는 독일 북부의 항구 도시에요. 독일 최대의 항구 도시이자 두 번째로 큰 도시에요. 이곳에는 중유럽 깊숙한 곳에서 흘러드는 엘베강과 알스터강, 빌레강이 흘러요. 그래서 해외에서 들어온 수입 물자를 독일 곳곳에 배로 공급할 수 있었지요. 이처럼 교통의 요지이기에 함부르크는 8세기부터 독일 최고의 경제도시로 번영을 누렸어요. 여러분이 맛있게 먹는 햄버거도 함부르크 사람들이 즐겨 먹는 스테이크에서 유래했어요. 그런데 오래전부터 발전한 만큼 함부르크의 건물이나 항만 시설은 많이 낡아 있었지요. 특히 '골목구역'이라고 불리는 낡은 옛 건물들이 집중적으로 모여 있는 동네가 문제였어요. 함부르크시 정부는 이걸 한꺼번에 철거하고 재개발하겠다고 했는데, 시민들이 반대했어요. 결국, 시 정부와 시민들은 '보존을 통한 개발'을 추진하기로 합의했습니다. 건물의 겉모습을 최대한 유지하면서 고치고 그곳에 예술가들의 작업실을 배치하는 것이었어요. 덕분에 함부르크 골목구역은 도시재생의 새로운 모델을 제시한 지역으로 주목받고 있습니다.

어떻게 일어나나?

젠트리피케이션이 일어나는 속도와 과정을 중심으로 구분하면 점진적 모델과 급진적 모델, 포용적 모델로 구분됩니다. 점진적 모델은 앞에서 설명한 개척자 젠트리피케이션과 유사해요. 예술가나 창의적인 상인들이 하나둘 동네에 들어오면서 동네 분위기가 천천히 변합니다.

동네의 변화가 사람들 사이에서 입소문이 나기 시작해요. 건물들이 조금씩 개조되면서 집값, 건물값, 임대료도 서서히 오릅니다. 동네의 변화가 언론을 통해 보도되면서 소비자들이 몰려오게 되고 부동산 가격 상승 속도도 빨라집니다. 이때쯤이면 공공기관이나 지역사회에서도 젠트리피케이션을 알게 되고 대응에 나서지요.

급진적 모델은 개발자 젠트리피케이션과 유사해요. 낡고 허름한 동네에 변화의 조짐이 나타나면서 부동산 투자자나 건설업자들이 동네의 땅과 건물을 대대적으로 매입하게 됩니다. 새로운 도로나 지하철이 개통되면 이런 흐름은 더욱더 빨라져요.

언론에서도 어떤 동네가 빠르게 발전한다면서 집중적으로 보도합니다. 프랜차이즈가 입점하게 되고 기업과 더불어, 상당한 재력을 가진 개인 투자자들도 대규모 투자를 단행하게 됩니다. 동네는 급격한 변화를 지속하

▌ 지하철이 들어오려고 하자, 땅값이 오를 거라 여긴 건설업자들이 지하철 주변에 건물을 짓고 있다.

면서 주거비나 상가 임대료가 급등하고, 동네의 가치 상승이 경제 **양극화**로 이어지면서 지역 사회의 갈등이 커지게 됩니다.

포용적 모델은 젠트리피케이션이 공공기관과 지역사회의 대응으로 관리되고 있는 상황을 가리켜요. 낡고 허름한 동네를 어떻게 바꿔 갈지에 대해 공공기관과 기업, 지역사회 등이 사회적 합의를 이루고 장기 계획을 추진하지요. 이런 장기계획에는 동네의 발전 방향, 부동산 가격 상승 실태에 대한 점검과 관리, 상승한 동네의 가치를 주민과 지역사회에 어떻게 환원할 것인가 등이 담겨 있습니다. 그리고 이는 철저히 공공기관과 기업, 주민의 협력으로 기획되고 추진됩니다.

한마디로 포용적 모델은 정책적 개입으로 젠트리피케이션이 빠르게 진

▌ 고가도로를 사이에 두고 확연히 차이 나는 건물들의 모습을 볼 수 있다. 산업구조가 점차 발달하면서 주요 산업이 도심부에 몰려 있다 보니 도심부로 부가 쏠리는 현상이 발생하고 있다.

행되는 것을 막아 지역사회가 이에 대응할 수 있는 시간적 여유를 주고, 사람들이 동네를 떠나더라도 그들이 동네 발전에 기여한 만큼 보상받고 떠날 수 있게 되는 상황을 말하는 거예요.

그런데 점진적 모델이나 급진적 모델과 달리, 포용적 모델은 현실에서 관찰할 수 있는 실제 현상이라기보다는 젠트리피케이션의 바람직한 유형이 무엇인가를 고민하면서 만들어진 유형일 수 있어요. 또한, 이 분류법을 제시한 도시학자 브라운 스테파니는 점진적 모델이나 급진적 모델도 공공기관이나 지역사회가 초기 단계에서 관리에 들어가면 포용적 모델로 전환될 수 있다고 주장합니다.

그리고 이런 주장에는 두 가지 생각이 숨어 있습니다. 첫째, 젠트리피케

사례탐구 **정보통신혁명과 젠트리피케이션**

젠트리피케이션이 점진적으로 진행되느냐, 급진적으로 진행되느냐는 동네의 변화에 대한 소식이 얼마나 빨리, 많은 사람에게 알려지느냐로 결정됩니다. 그런 측면에서 정보통신혁명은 젠트리피케이션의 속도를 더욱 빠르게 만들고 있어요. 옛날에는 어떤 동네에 예술가나 창의적 상인들이 모여들어 동네가 바뀌면 이에 대한 입소문이 한참 돈 다음에 언론을 통해 보도되었어요. 그런데 요새는 인터넷과 SNS로 동네의 변화가 시시각각 알려져요. 어떤 동네에 예쁜 건물이나 맛집이 들어서면 블로그나 페이스북으로 즉시 사람들에게 소문이 퍼져요. 예전에는 동네의 변화가 시작되면 5년 정도 지나 젠트리피케이션이 일어났는데 요새는 2~3년 이내에 젠트리피케이션이 발생해요.

이션은 인위적 개입으로 충분히 관리될 수 있다는 것, 둘째, 젠트리피케이션은 현대 도시의 발전 과정에서 불가피하게 발생하는 현상이며 원천적으로 봉쇄하는 것은 불가능하다는 생각이에요.

여기서 두 번째 생각이 많은 사람에게서 논쟁의 대상이 될 수 있습니다. 그리고 이는 젠트리피케이션을 어떻게 바라봐야 하는가, 즉 관점의 문제와 깊이 연관되어 있어요. 젠트리피케이션은 좋은 현상일까요? 나쁜 현상일까요? 젠트리피케이션은 막을 수 있는 현상일까요? 막을 수 없는 현상일까요?

간추려 보기

- 젠트리피케이션은 도시 부동산 시장의 구조와 예술가들이나 상인이라는 인간적 요소가 어우러져 일어난다.
- 정부나 지방자치단체가 낙후된 도심을 재활성화하기 위해서 도시계획을 추진하기도 하고, 민간 개발업자들이나 값싼 작업공간을 찾아 도심 낙후 지역으로 모여든 예술가들에 의해 젠트리피케이션이 발생하기도 한다.

무엇이 문제인가요?

낙후한 도심의 재활성화라는 측면에서 본다면 젠트리피케이션은 장단점을 동시에 갖고 있으므로 찬반의 입장이 나누어질 수밖에 없는 사회현상입니다.

모든 사회현상이 그렇듯 젠트리피케이션도 찬반이 엇갈리는 주제입니다. 젠트리피케이션 긍정론자는 도시가 성장하는 과정에서 젠트리피케이션은 불가피하게 발생하는 일이며, 과도하게 억제하면 도시가 슬럼화될 수 있다고 경고합니다. 또 동네 밖으로 내몰리는 저소득층에게 당장은 안 좋은 일이지만, 나중에는 그들에게도 큰 혜택을 준다고 주장하지요. 부정론자가 보기에 젠트리피케이션은 그 동네에 정을 붙이고 사는 주민들을 돈이 없다는 이유로 내쫓는 나쁜 사회현상입니다. 과연 누구의 말이 옳은 걸까요?

견뎌내야 하는 치유의 고통

시간이 지나며 도시가 쇠퇴하는 현상을 슬럼화라고 합니다. 슬럼화는 산업구조의 변화, 건물과 시설의 노후화, 저출산·고령화 현상 등이 일으키는 인구이동 때문에 일어납니다. 자동차 산업으로 유명한 디트로이트시는 한때 미국에서 제일 발전한 공업 도시였지만, 미국의 산업구조가 IT 첨단산업 위주로 재편되면서 경제적으로 쇠퇴하고 있습니다. 그에 따라 IT 첨단산업체가 밀집한 연안 도시로 인구가 이동하며 슬럼화가 진행되고 있어요.

▌ 많은 자동차 공장들이 이전하자, 실업률이 상승해 중간층들이 근교로 빠져나갔다. 그 결과 제대로 가동시킬 수 없는 공장들이 폐건물이 되어버린 모습이다.

우리나라는 사계절이 뚜렷합니다. 이 때문에 계절마다 기온 차가 커요. 그런데 이게 건물에 영향을 끼칩니다. 건물의 시멘트 벽이 여름에는 팽창하고 겨울에는 수축하는 과정이 반복되고 그러면서 벽에 균열이 생기지요. 그 때문에 다른 나라보다 건물이 빠르게 노후화돼요. 이처럼 건물과 시설이 노후화되면 사람들이 다른 동네로 많이 이사 가면서 슬럼화가 진행됩니다.

저출산·고령화는 경제적 풍요에 따른 식생활 개선, 의학 발전 등으로 장수하는 노인들이 많아지는 반면에 결혼하는 청년들의 숫자가 줄어들면서 태어나는 아이들은 적어지는 현상을 말해요. 이런 현상은 주택 시장의 공급 과잉과 수요 축소를 불러옵니다. 쉽게 말하면 빈집은 많아지는데, 살 사람은 없는 겁니다. 이것 또한 슬럼화의 원인이에요.

▌ 건물이 노후화되자 주민들은 새로운 집터를 찾아 떠나가게 되었다.

　슬럼화는 도시의 경제적 침체, 문화적 퇴보, 안전 여건 악화로 이어집니다. 마치 발에 난 작은 종기가 커지면 다리가 부어서 걸을 수 없는 것처럼 슬럼화된 동네가 많아지면 도시 전체가 마비될 수 있어요. 그런 점에서 슬럼화는 도시가 앓는 질병이라고 할 수 있어요.

　젠트리피케이션 긍정론자는 정부나 기업, 개인 투자자들이 낙후한 동네에 투자하는 것을 도시의 질병인 슬럼화를 치유하는 행위라 주장합니다. 그 과정에서 동네 주민들이 내몰리며 고통받겠지만, 그것은 병을 고치면서 겪기 마련인 치유의 고통이라고 주장해요. 마치 병이 나으려면 쓰디쓴 약을 먹고 따끔한 주사를 맞아야 하는 것처럼 말이에요.

　그리고 긍정론자는 젠트리피케이션이 결국에는 저소득층에도 도움이 될 거라고 말합니다. 슬럼화된 도시에 새로운 건물과 시설이 들어오고 고소득자가 살게 되면 돈이 돌면서 경제적으로 활력이 살아나며 저소득층의 삶이 개선될 기회도 많아진다는 거예요.

도리어 젠트리피케이션을 막겠다면서 규제를 심하게 하면 낙후한 동네는 그대로 방치되고, 저소득층은 자신의 삶을 개선할 수 있는 경제적

생각해 보기

미국의 녹슨 지대

슬럼화의 대표 사례로는 미국의 러스트 벨트(Rust belt)라는 쇠락한 산업단지를 꼽을 수 있어요. 우리말로는 녹슨 지대라고 해요. 자동차 공장이 많았던 디트로이트, 철강산업지대였던 피츠버그, 그리고 필라델피아, 멤피스 같은 공업 도시를 가리키는 말이에요. 이 도시들은 모두 미국을 부자 나라로 만든 주요 공업 도시들이었어요. 그런데 1990년대 들어 미국의 산업구조가 IT 첨단산업 위주로 바뀌면서 쇠퇴하고 있어요. 한때는 번영했지만 지금은 실업과 가난이 넘쳐나는 도시가 되었지요. 산업구조의 변화와 그로 인해 발생하는 슬럼화를 사전에 예측하고 대응하지 않으면 도시가 어떻게 되는지를 잘 알려주는 도시들입니다.

기회를 전혀 부여받지 못하게 된다고 주장합니다. 강력한 규제가 기업과 부동산 투자자로 하여금 낙후한 동네에 투자하는 걸 포기하게 만들기 때문이지요.

비록 정부가 많은 돈을 가지고 있다고 해도, 모든 돈을 낙후한 동네를 되살리는 데만 쓸 수 있는 건 아닙니다. 국방이나 치안, 보건, 복지에 많은 돈이 들어가지요. 게다가 정부가 돈을 쓰려면 예산을 짜서 국회의 승인을 받아야 합니다. 이런 한계 때문에 슬럼화를 치유하기 위해서는 기업이나 개인 투자자의 역할이 중요합니다. 그런데 정부와 달리, 기업과 부동산 투자자는 큰 이익이 없으면 투자하지 않습니다. 이 사람들이 낙후한 동네에 투자하는 건 지대 격차 때문이거든요. 건물값과 임대료가 올라서 큰 이익을 거둘 수 있다고 예상될 때 투자하는 겁니다.

그런데 젠트리피케이션을 막기 위한 규제는 결국 건물값과 임대료 상승을 억제하는 것일 수밖에 없지요. 따라서 기업과 부동산 투자자의 투자 의욕을 꺾는 부작용을 불러올 수 있습니다. 그러면 낙후한 구도심은 방치되어 슬럼화가 더 심해진다는 것이 긍정론자의 주장이에요. 이에 대해 젠트리피케이션 부정론자는 어떻게 반박할까요?

빼앗긴 도시에 대한 권리

프랑스 철학자 앙리 르페브르는 모든 시민은 '도시에 대한 권리'를 가지고 있다고 주장합니다. 도시는 어느 한두 사람이 아닌 모든 시민의 힘으로 만들어지며 유지되고 있기에 어떤 시민도 도시 공간이 주는 혜택으로부터 배제되면 안 된다는 거예요.

부정론자는 젠트리피케이션이 '도시에 대한 권리'를 침해한 것이라고 비판합니다. 낡고 허름한 동네가 세련되고 맵시 있는 동네로 거듭나는 것은 예술가, 창의적 상인, 사회 활동가를 포함한 모든 주민의 노력이 있었기 때문이라는 거지요.

그런데 젠트리피케이션은 낡은 동네가 되살아나면서 생성되는 경제적 가치와 문화적 혜택을 건물 소유주에게 집중시킵니다. 예술가들과 창의적 상인, 사회 활동가들이 열심히 활동하여 거리를 활성화하고 장사를 잘 되게 만들어 놓으면 건물주들이 임대료를 마구 올림으로써 동네의 상승한 가치를 독점해버린다는 겁니다.

예를 들어 동네가 되살아나면서 자영업자 A의 월 소득이 200만 원에서 220만 원으로 올랐다고 가정해봅시다. A는 건물주에게 매달 50만 원의 임대료를 냅니다. 이를 뺀 A의 실제 소득은 이제 150만 원에서 170만 원이 되었어요. 그런데 갑자기 건물주가 임대료를 2배나 올린 겁니다. 이

▌ 주요 도시 임대료 상승 그래프

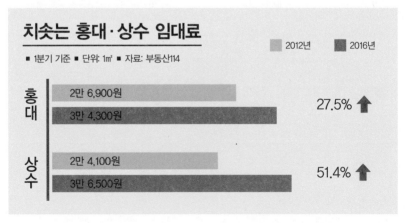

렇게 되면 A의 실제 소득은 220만 원에서 100만 원을 뺀 120만 원이 되어 오히려 줄어듭니다. 200만 원 벌던 때보다 30만 원이나 덜 벌게 되는 거예요.

이에 대해 젠트리피케이션 부정론자는 건물주가 임대료를 급격히 올려 A가 거둔 노력의 성과를 가로챈 거나 다름없다고 주장합니다. 이런 일이 반복되면 장사가 잘 되는데도 A의 실제 소득은 지속해서 줄어들고, 이를 견디지 못한 A는 가게를 접고 떠날 수밖에 없다는 거지요.

부정론자는 젠트리피케이션이 도시에 대한 권리 침해이며, 더 나아가 도시의 성장과 발전에도 방해가 된다고 봅니다. 이들 역시 슬럼화 현상에 적극적으로 대처해야 한다고 생각하지만, 젠트리피케이션은 겉으로만 슬럼화 현상이 극복된 것처럼 보이게 할 뿐 도시를 더욱 쇠락시키는 결과를 낳는다고 주장합니다.

젠트리피케이션 없이 동네가 되살아났다면, 예술가와 창의적 상인, 사회활동가 등 모든 주민의 소득은 조금씩 늘어날 겁니다. 더불어 동네 부동산 가치가 오르며 건물주들의 자산 가치도 천천히 상승하게 되겠지요.

그런데 젠트리피케이션은 임대료의 급격한 상승을 통해 동네를 되살리는 데 참여한 사람들의 소득을 건물주에게 이전시키면서, 이들을 더욱 가난하게 만들어요. 가게를 접고 나가는 과정에서 본전도 찾지 못하는 경우가 부지기수이기 때문입니다.

더불어 건물주들도 망할 수 있습니다. 젠트리피케이션은 문화 백화현상을 낳으며 동네 상권을 황폐화한다고 합니다. **문화 백화현상**은 임대료 상승 때문에 동네의 문화적 개성과 매력이 사라지는 현상을 말합니다. 알록달록한 수채화처럼 다양한 가게들이 들어와 있던 동네가 비슷비슷한 가게들로 채워지며 하얀 도화지처럼 하나의 색깔로 획일화된다는 뜻을 담고 있어요.

젠트리피케이션으로 부동산 가격이 극단적으로 치솟으면 결국 그걸 감당할 수 있는 대기업 프랜차이즈나 고급 브랜드만 동네에 남게 됩니다. 다양한 예술가, 창의적 상인들의 개성으로 매력을 뽐내던 동네 상권이 비슷비슷한 가게들로 채워지는 겁니다.

동네는 본래의 문화적 매력을 상실하게 되고 젊은 소비자들이 발길을 돌리게 되어 동네는 다시 침체하게 됩니다. 동네는 새로운 건물로 가득 차지만 임대료는 높은데 장사는 잘 안되니 하나둘씩 가게를 접고 떠나게 되지요. 빈 건물들이 늘어나면서 땅값, 건물값은 떨어지게 됩니다. 이런 일은

사례분석 **신촌과 이대 앞**

신촌은 젊은 음악가들이나 연극배우들이 모여들던 동네였어요. 이대 앞은 패션 거리로 유명해졌어요. 독특한 개성을 뽐내던 옷가게들이 많이 몰려 있었지요. 두 곳 모두 국내 최고의 상권이었어요. 임대료가 급격히 올랐지요. 그러면서 기존 상인들이 나가고 대기업 프랜차이즈가 들어섰어요. 그런데 절대로 망하지 않을 것 같은 상권인 신촌과 이대 앞이 장사가 안되기 시작하는 거예요. 그러면서 빈 건물이 늘어났지요. 신촌과 이대 앞은 젠트리피케이션으로 인한 문화 백화현상이 도시 상권에 어떤 악영향을 끼치는지 알려주는 대표사례입니다.

개발자 젠트리피케이션을 설명할 때, 예로 든 신촌과 이대 앞에서 실제로 일어났습니다. 그뿐만 아니라 인사동, 삼청동, 가로수길에서도 일어나고 있습니다.

젠트리피케이션이 당장은 고통스럽지만 낙후한 동네를 활성화하고, 거기에서 창출된 경제적 가치가 도시 전체로 퍼져 내몰림 당한 사람들에게도 삶을 개선할 기회를 더 많이 부여할 거란 긍정론자의 주장은 부정론자가 보기에는 거짓말입니다.

오히려 결과는 정반대입니다. 부정론자가 보기에 젠트리피케이션은 낙후한 동네가 천천히 되살아나며 주민들의 소득이 증대되고, 그 효과가 도시 전체로 퍼져 도시가 성장할 수 있는 길을 가로막는 일이라고 생각합니다.

┃ 10년 전만 해도 대표적인 젊은 층 상권으로 인기를 모았던 이화여대 거리. 한때는 옷가게와 다양한 상점으로 많은 사람들이 오갔지만 대기업 자본의 거리로 전락한 뒤 젊은이들의 발길마저 끊긴 상태다.

마치 황금알을 낳는 거위의 배를 가르는 것처럼 당장 눈앞의 땅값, 건물값, 임대료 올리기에 혈안이 되어 동네를 되살리는 데 기여한 사람들을 내몰다가 동네는 물론 도시 전체를 병들게 하기에 반드시 막아야 하는 현상이라는 것이 부정론자의 판단입니다.

모두가 함께 사는 방법 찾기

사회현상을 바라보는 관점에는 크게 긍정론과 부정론, 균형론 세 가지가 있습니다. 젠트리피케이션에 대한 긍정론과 부정론에 대해서는 이미 살펴봤습니다. 그렇다면 균형론은 뭘까요? 이는 사회현상을 긍정과 부정, 또는 찬반의 측면에서 보지 않고 과정과 결과를 객관적으로 관찰하며 대응책을 고민하는 태도입니다.

전쟁만큼 나쁜 사회현상은 없습니다. 전쟁을 찬성하는 사람도 거의 없을 겁니다. 그런데도 인류는 지금까지 줄곧 수많은 전쟁을 치러왔지요. 이런 상황에서 전쟁의 옳고 그름을 논하는 것은 의미가 없습니다. 전쟁이 왜, 그리고 어떻게 일어나며, 이걸 막기 위해서는 무엇을 해야 하느냐가 더 중요합니다.

젠트리피케이션도 마찬가지입니다. 낡은 동네가 새롭게 변모하면서 부동산 가치가 오르는 것은 자연스러운 현상이에요. 이에 따라 원래 살던 주민들이 동네 밖으로 나가고 그 빈자리를 새로운 주민들이 채우게 되는 것도 막을 수 없는 현실입니다.

도시는 항상 변해왔습니다. 서울에서 가장 번화한 동네인 강남도 30년 전에는 논과 밭이 가득했던 촌 동네였어요. 서울이 커지면서 정부가 그곳

| 언제나 불이 켜진 높은 빌딩들로 이루어진 현재의 강남은 1960년대에만 해도 논과 밭으로 이루어져 있었다. 강남 터미널 지하 고가차도를 건설하기 위해 준비 중인 모습이다.

에 길을 닦고 관공서를 이주시켰고 그 뒤를 따라 기업들이 들어와 건물을 지었습니다. 그리고 여기 살던 주민들은 다른 곳으로 떠났어요.

균형론자는 젠트리피케이션을 막아야 하는 현상보다는 관리해야 하는 현상으로 보고 있습니다. 또한, 건물주들을 탐욕스러운 악마처럼 보는 것에도 반대합니다. 건물주들이야말로 젠트리피케이션의 가장 큰 피해자일 수 있다는 것이 균형론자의 시각입니다.

생산의 3요소를 토지, 자본, 노동이라고 합니다. 건물주는 토지 소유자이면서 도시의 성장과 발전에 필수적인 자본을 공급하는 사람들입니다. 이들은 자신들이 보유한 땅에 건물을 지어서 다른 주민들이 경제활동을 지속할 수 있는 거점을 제공합니다. 임대료는 자본의 공급, 다시 말해 투자에 대한 대가로 지급되는 요금인 거예요.

건물주는 토지와 자본, 예술가와 창의적 상인들은 노동을 공급하여 낙후한 동네를 되살리며 도시를 발전시킵니다. 쉽게 말해 건물주가 자기 돈을 들여 건물을 지으면 예술가들과 창의적 상인들이 가게나 공방을 차리고 장사를 하는 겁니다.

이렇게 보면 예술가, 창의적 상인과 건물주는 적대적 관계가 아닙니다. 도시를 발전시키는 동반자로서 각자가 가진 자원을 통해 동네 상권을 활성화하고, 정당한 몫을 나누는 관계인 거예요. 예술가, 창의적 상인들이 장사를 잘해 소득을 올리면, 그와 더불어 동네 땅값과 건물값이 오르며 건물주가 보유한 자산의 가치가 상승하게 되요.

이런 관계가 한 번에 그치지 않고 반복적인 메커니즘을 형성하는 것을 일러 선순환 구조를 이뤘다고 말합니다. 선순환 구조는 서로에게 좋은 일이 지속해서 일어나는 걸 말합니다. 자본과 노동 사이의 협업으로 토지의 가치가 상승하며 건물주의 자산 가치와 예술가, 창의적 상인들의 소득이 꾸준히 오르는 것도 선순환 구조라고 할 수 있어요.

그런데 균형론자는 위와 같은 선순환 구조가 급격한 임대료 인상에 힘입어 매우 빠르게 진행되는 젠트리피케이션 현상 때문에 깨질 수 있다고 봅니다. 그리고 이는 짧은 시간 일확천금을 거두려는 일부 투기꾼들에 의해 조장됩니다. 투기꾼이란 편법적인 부동산 거래로 일확천금을 거두려는 비정상적인 부동산 투자자를 가리키는 말입니다.

투기꾼은 동네가 되살아나고 있는 소식을 과장하여 소문을 퍼트리거나 언론에 보도합니다. 그래서 동네에 투자만 하면 아주 큰돈을 벌 수 있는 것처럼 꾸며서 다른 기업이나 개인 투자자들을 몰려오게 만듭니다. 이러면 동네 땅값, 건물값이 치솟아 올라갑니다.

나쁜 경우에는 동네 땅값과 건물값의 상승분을 임대료에 반영하는 게 아니라 정반대로 임대료를 올려서 땅값과 건물값을 올리는 겁니다. 임대료를 올리면 이를 견디지 못한 상인들은 떠나게 되고 빈 점포에는 고액의 임대료를 감당할 수 있는 상인이나 대기업 프랜차이즈, 고급 브랜드가 들어옵니다.

이러면 일단 부동산 거래량이 늘어나면서 동네의 부동산 가치가 매우

생각해 보기

조물주 위의 건물주?

건물주라 하면 많은 사람이 부러워하면서도 질투심을 느낍니다. 세입자들에게 월세를 받아 하는 일 없이 잘 먹고 잘사는 사람들이라 생각하기 때문이에요. 이런 사람들을 불로 소득자라고 해요. 또한, 자기들 마음대로 세입자를 내쫓는다는 인상이 박혀 있어요. 그래서 사람들은 '조물주 위의 건물주'란 말을 해요. 정말 그럴까요? 대부분의 건물주는 불로 소득자도 아니며, 세입자들을 제멋대로 쫓아내지도 않습니다. 평생 모은 재산으로 위험을 감수하며 투자를 하고, 건물을 잘 관리하기 위해 많은 노력을 하는 사람들이지요. 건물주들의 투자가 없으면 도시의 건물들은 낡은 상태로 방치되고 도시는 쇠퇴하게 돼요. 대부분의 건물주들은 도시의 성장과 발전에 기여를 하는 사람들이에요. 비정상적인 투기로 일확천금을 노리는 나쁜 건물주들이 있긴 해요. 이 사람들이 젠트리피케이션을 매우 빠르게 진행시키는 원인이 되지요. 하지만 건물주와 세입자들은 도시의 발전을 위해 서로 협력하는 동반자란 사실을 잊으면 안 돼요.

높은 것처럼 알려지게 됩니다. 그리고 대기업 프랜차이즈나 고급 브랜드가 들어오는 것도 동네 땅값이나 건물값을 올리는 데 유리하지요.

균형론자는 이런 현상을 막기 위해서는 지역 사회 구성원이 협력할 수 있는 틀을 만들고 법과 제도를 정비해야 한다고 주장합니다. 건물주와 예술가, 창의적 상인들을 포함한 모든 동네 주민이 합심하여 부동산 정보를 투명하게 관리하고 공유하며, 임대료 인상 상한선을 책정하여 매년 일정 비율 이상 임대료를 올릴 수 없게 하고, 대기업 프랜차이즈나 고급 브랜드의 입점을 제한하는 조치들을 취하는 겁니다.

부정론자와 달리, 균형론자는 모든 유형의 젠트리피케이션을 반대하지는 않습니다. 부동산 가치가 정상적으로 상승하며 지역 사회 구성원들에게 정당한 보상이 주어지는 과정에서 일어나는 젠트리피케이션은 도시가 성장하고 발전하면서 나타나는 변화이기에 굳이 막을 필요가 없다고 봅니다. 결국, 균형론자가 반대하는 건 젠트리피케이션의 급진적 모델입니다. 또한, 포용적 모델을 지향한다고도 말할 수 있습니다.

균형론자와 부정론자의 차이는 도시를 바라보는 관점이 다르기 때문에 나타나는 겁니다. 균형론자는 역동적으로 변화하는 도시의 현실을 중시하며, 속도와 파급효과를 조절해야 한다고 주장합니다. 이와 달리 부정론자는 도시에 대한 권리를 강조하며 모든 사람이 원하는 곳에서 살고 장사할 수 있기를 바라고 있어요. 균형론자가 현실주의자라면 부정론자는 이상주의자인 거예요.

- 젠트리피케이션의 과정을 통해 사회에 긍정적 또는 부정적 효과를 양산하고 있다. 따라서 찬반이 갈릴 수밖에 없다.
- 젠트리피케이션은 낙후한 지역을 활성화하고 상인들의 소득과 거주민의 소속감을 높여주는 긍정적인 효과가 있지만, 임대료 상승으로 원주민이 떠나게 되는 지역생태계를 파괴하고 슬럼화시킨다는 점에서 부정적인 측면도 함께 가지고 있다.
- 젠트리피케이션의 과정을 어떻게 이끌어 나가느냐에 따라 결과는 달라질 수 있다.

5

뉴욕, 파리, 런던에서는?

젠트리피케이션은 막을 수 없는 현상인 걸까요? 주민참여로 지역공동체의 소유권을
가져오고 자산화 전략으로도 젠트리피케이션을 충분히 막을 수 있답니다. 진정한 의
미의 공유경제는 시민이 자산과 결합하는 공유지대를 재구성하는 것 아닐까요?

지금까지 젠트리피케이션에 대해 이론적으로 살펴 봤습니다. 개념을 정의하고 유형을 나누고 이에 대한 긍정론과 부정론, 균형론의 논리 구조와 내용을 알아봤습니다. 이제부터는 우리가 살아가는 도시에서 젠트리피케이션이 실제로 어떻게 일어나고 있으며 이에 대해 공공기관과 지역사회는 어떻게 대응하고 있는지를 알아봐야 해요. 뉴욕 브루클린은 세계에서 가장 대표적인 젠트리피케이션 발생 지역입니다. 낡고 허름한 데다가 범죄가 자주 발생했던 브루클린은 1980년대까지는 가난한 사람들이 사는 동네였습니다. 그런데 1990년대 들어 예술가들이 브루클린에 들어와 보금자리를 만들면서 변화가 시작되었습니다.

뉴욕의 젠트리피케이션과 커뮤니티 보드

젠트리피케이션 현상을 경험하고 있는 브루클린 주민들의 증언을 모은 책 《뜨는 동네의 딜레마, 젠트리피케이션》에는 트칼라 키튼이란 부동산 개발업자가 나옵니다. 브루클린 토박이며 한때 시와 음악에 빠져 살던 예술 애호가인 트칼라는 예술가들이 이주하며 젠트리피케이션이 시작되자,

낡은 집을 고쳐서 판매하는 개발업자로 변신합니다.

트칼라는 브루클린에서 예술가들에 의해 일어난 개척자 젠트리피케이션이 개발자 젠트리피케이션으로 전환되어 가는 과정을 상징하는 인물입니다. 많은 사람이 떠나고 있다는 사실을 알지만, 그는 그들이 강제로 쫓겨나는 게 아니라 돈을 받고 나가는 것이기에 아무 문제없다고 생각합니다. 그는 자기 직업에 대한 자부심이 큽니다. 자기 같은 개발업자 덕분에 천대받던 동네 브루클린이 맨해튼 같은 번화가로 거듭나고 있으며, 자기가 태어나고 자란 고향을 발전시키는 일이기 때문에 너무 자랑스럽다는 겁니다.

트칼라와 달리, 미술품 중개인인 꽝 바오는 불만이 많습니다. 그는 동네를 살기 좋은 곳으로 바꾼 예술가들이 터무니없이 올라간 임대료로 인해 변두리로 밀려나는 건 부당한 일이라고 생각합니다. 더 기막힌 건 젠트리피케이션이 예술가들의 꽁무니를 졸졸 따라다닌다는 겁니다.

예술가들이 브루클린 부시윅이란 곳에 둥지를 틀자 젠트리피케이션이 일어났고, 그래서 고와너스란 곳으로 옮겨가자 그곳에서 젠트리피케이션이 일어나는 식입니다. 꽝 바오는 "이 동네에는 자기 성공에 희생양이 되는 사람"이 너무 많다며 예술가들이 아

▌ 자신의 의사를 전하기 위해 플래카드를 들고 서있는 모습이다.

예 전부 뉴욕을 떠나야 직성이 풀릴 거냐고 불만을 토로합니다.

노이엘라는 브루클린에서 태어나고 계속 살아온 세입자입니다. 그녀가 사는 다세대 주택의 건물주는 집을 고쳐 비싸게 팔고 싶어 하지요. 그래서 건물주는 노이엘라 가족에게 나가달라고 합니다. 그러나 브루클린에서 줄곧 살아온 그녀는 정든 고향과 집을 떠나기 싫습니다.

젠트리피케이션이 심해지면서 미국 뉴욕시는 임대료 안정화 정책을 시행하고 있었어요. 매년 뉴욕 시장이 임대료 인상 상한선을 정해 발표하고, 비싼 임대료를 내는 고소득자가 아니면 함부로 쫓겨나지 않게, 건물주에게 기존 세입자와의 재계약을 의무화하고 있어요.

이 때문에 집주인은 노이엘라를 내보낼 수 없습니다. 그러자 경비원을 고용해 노이엘라 같은 세입자들을 괴롭히기 시작합니다. 경비원은 밤낮 할 거 없이 음악을 크게 틀어놓고 고래고래 소리 지르며 세입자들을 잠 못 이루게 합니다. 화가 난 노이엘라는 집주인을 상대로 소송을 걸기로 했습니다.

위와 같은 일은 브루클린뿐만 아니라 뉴욕의 다른 동네에서도 아주 흔하게 일어나는 일입니다. 그래서 뉴욕시 정부도 젠트리피케이션을 막기 위해 힘쓰고 있습니다. 아까 이야기한 것처럼 임대료 안정화 정책이 시행되고 있고 시 정부 산하에 커뮤니티 보드를 설치해 운영하고 있습니다. 커뮤니티 보드는 시 정부가 추진하는 도시계획에 주민들의 의사를 반영하는 **자문기구**입니다.

도시는 수많은 건물과 시설들이 모여 있는 곳입니다. 그런데 이런 건물과 시설들이 제각각 마음대로 지어지는 게 아닙니다. 중앙정부 또는 도시를 직접 관리하는 지방정부가 세운 **도시계획**에 따라 지어지는 겁니다. 물론 어떤 건물이나 시설이 들어설지 일일이 다 정하는 건 아니에요. 도시의 토지를 일정한 면적으로 나눠서 구역별로 어떤 용도의 건물이나 시설이 들어설지, 건물의 높이와 넓이를 정하는 겁니다. 이런 걸 도시계획이라고 불러요.

이를테면 도시를 동서남북으로 4등분 하는 열십자 모양의 큰 도로를 내고 동북 구역, 동남 구역, 서북 구역, 서남 구역으로 나눕니다. 그런 다

집중탐구 **도시계획은 무엇인가요?**

도시계획은 한마디로 도시를 설계하는 작업이라고 볼 수 있어요. 도시를 일정한 면적으로 나누고 거기에 배치될 건물의 높이나 면적을 정하는 거예요. 도시 내부를 일정한 넓이의 지역, 지구, 구역으로 나누는 걸 용도계획이라고 해요. 어떤 곳은 상업지역, 다른 곳은 주거지역, 녹지지역 등으로 지정하고 다른 용도의 건물은 들어오지 못하게 합니다. 여러분이 사는 도시의 모습은 저절로 만들어진 게 아닙니다. 지역, 지구, 구역별 용도와 함께 건물의 건폐율과 용적률에 대한 계획에 따라 만들어집니다. 이는 도시에 사는 시민들의 삶이 큰 영향을 끼치는 계획입니다.

하나만 예를 들면 건폐율과 용적률에 따라 건물의 높이와 밀집도가 달라져서 여러분이 받을 수 있는 햇빛의 양이 달라져요. 이처럼 중요한 계획이기 때문에 많은 도시에서는 도시계획을 정할 때, 시민들의 의사를 적극적으로 반영하고 있습니다. 뉴욕의 커뮤니티 보드도 이를 위해 설치된 기구입니다. 우리나라에서도 많은 도시에서 도시계획 수립과정에서 시민참여를 활성화하기 위해 노력하고 있습니다.

음, 동북 구역에는 공장이나 창고 같은 산업시설, 동남 구역에는 은행이나 무역회사 같은 기업이 입주하는 대형빌딩, 서북 지역에는 아파트촌, 서남 지역에는 학교와 공원, 도서관이나 콘서트홀 같은 교육·문화시설을 정부가 배치하는 겁니다.

커뮤니티 보드는 바로 위와 같은 도시계획을 수립하는 과정에서 주민들의 의사를 반영하기 위해 설치된 기구입니다. 뉴욕시는 시 헌장에 따라 59개의 '커뮤니티 도시계획 보드'를 운영하고 있습니다. 커뮤니티 보드의 정원은 최대 50명인데, 시 공무원과 일반 주민이 함께 참여해서 지역의 토지를 어떻게 활용할지에 대한 계획, 건축물 인허가, 공공 서비스 등 지역 주민의 삶에 직접적 영향을 끼치는 정책들을 심의합니다.

커뮤니티 보드를 통해 뉴욕 시민들은 자기가 사는 동네가 오직 돈의

❙ 계획적인 도시개발을 위해 주거·상업·산업·유통·정보통신·생태·문화·보건 및 복지 등의 기능을 새로운 단지를 조성하기 전 어디에 놓을지 계획해야 도시가 제 기능을 할 수 있다.

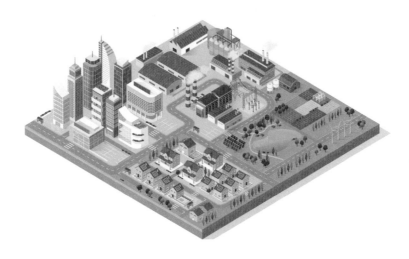

논리에 따라 변화하는 것을 견제할 수 있습니다. 가령 동네에 대형할인점이나 고급 브랜드, 유흥업소 등 젠트리피케이션을 유발하는 업체가 들어오려 하면, 커뮤니티 보드를 통해 해당 건축물의 인·허가를 시 정부에게 불허해달라고 건의할 수 있는 겁니다.

커뮤니티 보드의 결정에 법적 구속력은 없지만 지역 사회의 공론이 전달되는 것이기 때문에 시 정부는 이를 무시할 수 없습니다. 대부분의 주민 의사가 뉴욕시 도시계획에 반영되고 있습니다.

파리의 골목상권 지키기, 보호 상업가로

예술과 낭만의 도시인 파리도 젠트리피케이션을 비켜 갈 수는 없었습니다. 파리하면 떠오르는 것 중 하나가 노천카페입니다. 100년 전에 지어진 건물이지만 여전히 고전미를 뽐내는 건물 1층에 단아한 색감의 파라솔이 놓여 있는 카페들, 한 블록 너머 골목에는 아침마다 바게트를 사기 위해 길게 줄을 서는 빵집이 놓여 있습니다.

우리가 책이나 영화를 통해서 본 파리의 익숙한 모습일 겁니다. 그런데 이런 골목에 대규모 상업용 빌딩이 들어서기 시작합니다. 그러자 시민들이 자주 찾던 전통 카페, 식당, 서점, 빵집, 식료품점이 사라지고 고급 부티크, 프랜차이즈 레스토랑이 들어옵니다.

골목에 자리 잡고 있던 작은 가게들이 사라지며 의류업이나 정보통신업 같은 특정 업종이 일부 거리를 통째로 차지하는 현상까지 발생합니다. 이처럼 다양하고 개성적인 문화로 빛나던 거리가 획일화되고 주민들의 생활환경도 악화되자 파리시 정부는 골목상권 보호를 위한 도시계획을 추

┃ 사람을 머물게 하고 사람들과 소통하기 위해 찾는 프랑스 고유의 문화를 간직한 노천카페가 사라질 위험해 처해 있다고 한다.

진하게 됩니다.

파리의 골목상권은 프랑스 국민에게 남다른 의미가 있는 곳입니다. 프랑스를 대표하며 세계 문화사에도 큰 영향을 끼친 수많은 예술가와 사상가들이 거닐며 사람들과 교류했던 공간으로 프랑스 문화의 상징이자 정체성이었습니다. 그 때문에 파리의 골목상권을 지킨다는 것에 대해 다른 의견을 제시하는 사람들은 별로 없었고 그런 만큼 강력한 정책을 추진할 수 있었습니다.

2006년 파리 도시계획이 수립되면서 보호가 필요한 골목상권이 '보호 상업가로'로 지정됩니다. 서울연구원이 펴낸 〈해외 젠트리피케이션 대응 사례와 시사점〉이란 보고서를 보면, 파리시 도로 전체 길이의 16%가 포함된 보호 상업가로에는 약 3만 개에 달하는 가게들이 장사하고 있습니다.

이 중 약 57%가 먹거리 관련 가게라고 합니다.

파리시는 보호 상업가로를 세 가지 유형으로 구분해 놓았습니다. '일반적 보호조치'가 적용된 가로는 건물 1층에 입주한 소매업체와 수공업 시설의 용도 변경을 금지하고 있습니다. '강화된 보호조치'가 적용되는 곳의 건물 1층은 반드시 소매업체나 수공업 시설로 사용되어야 하며 재건축을

집중탐구 **파리 개조사업-도시계획이 만든 도시**

1800년대 파리는 매우 비좁고 불결한 도시였어요. 중세시대로부터 무질서하게 형성된 도시구획이 그대로 남아 많은 사람으로 북적이고 교통체증이 일상화되었지요. 게다가 정치적으로 혼란한 상태였어요. 그러다가 나폴레옹 3세가 황제로 즉위하고 1853년 오스만(Baron Haussmann)이 파리 시장으로 임명되면서 큰 변화가 시작됐어요. 도시의 주요 시설을 연결하는 직선형 대로를 만들고, 이걸 기준으로 도시를 새롭게 구획합니다. 곳곳에 녹지를 두고 용적률, 건폐율을 엄격히 규정해서 파리를 저층의 고급 건물들이 널찍하게 들어선 도시로 바꿉니다. 이 과정에서 도시 빈민들이 파리 밖으로 내몰리게 됩니다. 우리가 아는 파리는 오스만의 도시계획이 만든 도시였습니다. 더불어 젠트리피케이션으로 만든 도시기도 하지요. 하지만 역설적인 것은 오스만이 확립한 파리시의 강력한 도시계획 권한이 최근 들어서는 젠트리피케이션을 막는 힘으로 작용하고 있다는 겁니다. 오스만 시장의 도시계획을 어떻게 평가할 수 있을까요? 파리를 깨끗하고 매력적인 도시로 바꾼 것은 칭찬받을 일이지만, 도시 빈민들을 마구 내몬 것은 비판받아야 합니다. 이 중 어떤 것을 더 중요하게 평가해야 할까요?

하더라도 현재의 용도가 의무적으로 유지되어야 합니다.

'보호하기 위한 특수조치'가 적용되는 곳은 예술가의 공방을 보호하기 위한 것으로, 이 조치가 적용되는 길의 수공업 공간은 다른 용도로의 전환이 불가능해요. 파리시가 이처럼 강력한 조치를 시행하는 것은 단순한 문화 보호의 필요성 때문만은 아닙니다. 상업 젠트리피케이션이 불러오는 문화 백화현상이 파리시의 경쟁력을 약화시키고 경제를 침체시킬 수 있다고 생각하기 때문입니다.

이와 더불어 파리시는 2008년부터 '생기 있는 거리' 프로젝트를 추진하고 있습니다. 파리시 거리활성화정비국(SEMAEST)이 보호 상업가로에 비어 있거나 팔기 위해 내놓은 상가를 사서 영세 **자영업자**나 수공업자에게 저렴한 비용으로 임대하는 사업이에요. 그런데 이런 정책은 영국에서 가장 먼저 시행되었습니다. 그렇다면 영국에서는 젠트리피케이션이 어떻게 일어났고, 어떤 대응방안이 추진되고 있을까요?

런던의 사회적 기업, 맘 편히 장사하는 상가 만들기

《도시의 탄생》이란 책에서 P.D. 스미스는 젠트리피케이션을 설명하면서 영국 소설가 찰스 디킨스의 단편소설 '스코틀랜드 야드'의 내용을 언급합니다. 《크리스마스 캐럴》이란 소설로 유명한 찰스 디킨스는 이 소설에서 19세기 런던이 중산층 도시로 거듭나면서 허름한 술집들이 화려한 간판을 내건 고급 와인 가게로 바뀌는 장면을 묘사하고 있습니다.

이를 통해 젠트리피케이션이라는 말이 만들어지기 전에도 동네의 변화로 인해 그곳에 살던 주민과 상인들이 갑자기 교체되는 현상이 나타나고 있었다는 걸 알 수 있습니다. 영국은 세계 최초로 산업혁명이 일어난 나라였고, 그래서 도시화가 가장 먼저 진행된 나라입니다.

따라서 젠트리피케이션도 다른 나라보다 먼저 경험했어요. 그리고 현재도 진행 중입니다. 런던 북부 해크니 구의 쇼디치는 찰스 디킨스의 소설 《올리버 트위스트》의 무대가 되었던 동네입니다. 당시에는 매우 음침한 빈민가였고, 가난한 노동자들과 이민자들이 모여 살던 동네였습니다.

그런데 1980년대부터 예술가들이 들어오며 동네가 변합니다. 여러 가지 측면에서 미국의 브루클린과 닮은 동네로, 공장과 창고가 예술가들의 작업실과 주거지로 바뀌고 거리의 담벼락은 화가들이 그려놓은 독특한 그림으로 장식되었습니다.

쇼디치의 변화에 주목한 영국 정부는 1990년대부터 도시 재생사업을 추진하게 됩니다. 화이트 큐브나 리빙턴 플레이스라는 랜드마크 건물을 짓고 다양한 문화행사를 개최하며 IT 기업을 유치해 쇼디치를 첨단산업과 문화산업이 어우러진 곳으로 키우려 합니다.

당연히 젠트리피케이션이 발생했지요. 그러나 다른 도시와 달리, 쇼디치는 지역사회의 노력으로 젠트리피케이션이 더는 심해지지 않았어요. 지역사회의 발전과 공익을 위해 사업을 하는 **사회적 기업**인 쇼디치 개발신탁은 런던 변두리에서 재배된 지역 농산물로 식당을 운영하면서 이곳에 지역 주민을 고용하고, 범죄자 경력이 있는 청소년을 요리사로 교육해 채용하고 있습니다. 이로써 쇼디치의 상승한 경제적 가치가 지역 주민에게 환원될 수 있게 하고 있어요.

이와 함께, 해크니 협동조합이 쇼디치의 젠트리피케이션이 잠잠해지게

| 임대료가 낮은 컨테이너 박스를 이용해 개성 있게 꾸미고 다양한 가게를 만들었기에 소비자에게 값싸게 상품을 제공할 수 있다. 자본이 아닌 새로운 시각과 창의적 아이디어로서 가치를 창출하는 것이다.

되는 데 큰 역할을 합니다. 해크니 협동조합은 소유주 없이 방치된 지역의 빈 건물을 거의 무상으로 임대받아 고쳐 시세보다 싼 값으로 지역의 영세 자영업자, 사회운동가, 예술가들에게 임대하고 있습니다.

해크니 협동조합과 비슷한 사례가 또 있는데, 런던 템스강 남쪽 강변에 위치한 사우스뱅크 지역의 코인스트리트입니다. 과거에는 창고와 공장, 화물선으로 붐비던 항만이었지만 제2차 세계 대전 이후 영국의 산업구조가 바뀌면서 슬럼화됩니다.

1970년대 들어 영국 정부는 이곳을 전면적으로 철거하고 재개발하려 합니다. 이렇게 확보된 토지에는 고층빌딩과 호텔이 지어질 예정이었어요. 이런 계획이 원래 살던 사람들을 동네 밖으로 내몰 것이라고 본 주민들은

집중탐구 **해크니 개발협동조합의 공공임대사업**

해크니 개발협동조합은 1982년 런던 해크니 구에 기반을 둔 마을기업입니다. 해크니 구에는 제2차 세계 대전 때 폭격을 맞고 방치되어 있던 3층짜리 건물이 있었습니다. 이 건물을 수리할 돈이 없던 구청은 건물을 그대로 방치해뒀어요. 이곳은 지역의 치안을 불안하게 하는 **우범지대**로 변했어요. 해크니 개발협동조합은 구청에 이 건물을 공공임대사업으로 쓰겠다며 사용 허가를 신청합니다. 그리고 영국 트리오도스 은행으로부터 돈을 빌려 건물을 개조하여 시세의 70% 가격으로 임대했어요. 이 건물에는 주로 예술가나 사회적 기업이 입주했습니다. 이를 통해 이 건물은 지역의 우범지대에서 문화·예술과 시민활동의 중심지로 거듭났지요. 해크니 개발협동조합은 해크니 구의 다른 동네에서도 공공임대사업을 추진했어요. 그에 따라 해크니 구의 많은 동네에서 젠트리피케이션 없이 동네가 되살아나는 일을 경험했습니다. 런던에서 가장 못 살고 범죄율이 높았던 해크니 구는 최근 들어 가장 활력 있고 안전한 도시로 거듭나고 있어요.

▌ 해크니구의 가격인상으로 인한 시위

반대 운동에 나섭니다. 그리고 지역 주민 스스로가 주인이 되어 동네를 되살리겠다는 의지를 보였습니다.

약 10년간의 실랑이 끝에 주민들이 세운 코인스트리트 재생 계획이 승인됩니다. 당시 주민들을 이끈 것은 '코인스트리트 공동체를 만드는 사람들'이란 사회적 기업이었습니다. 이들은 코인스트리트의 토지와 건물을 시 정부로부터 싸게 매입해 주택이나 상가를 지어 서민들에게 시세의 ¼ 가격으로 공급했습니다.

이처럼 정부와 주민이 협력해서 토지와 건물을 매입하여 싼값에 임대하는 것을 '시민 자산화 전략'이라고 합니다. 개인 소유의 토지와 건물을 시민 모두가 공유하는 공공자산으로 전환한다는 뜻을 담고 있어요.

시민 자산화는 일단 토지와 건물을 필요한 사람에게 합리적 가격으로 공급하기 위해 추진되는 것이지만 동시에 도시 전체의 부동산 가격이 너무 높게 치솟는 것을 방지하기 위한 것이기도 합니다. 이는 시장 가격 형성에 직접 개입한다는 점에서 가장 강력하고 구조적인 대응책으로 평가받고 있습니다.

전문가 의견

마을 공동체를 만드는 데는 경제적인 자립이 무엇보다 중요하다. 공동체가 직접 마을에 필요한 건물과 땅을 소유하고 그 속에서 기회를 찾아야 한다.

— 스티브 클레어 영국 로컬리티 전 부대표

간추려 보기

- 주민들이 직접 참여할 수 있는 '커뮤니티 보드'와 같은 자체 추진기구를 설립하기도 한다.
- 젠트리피케이션 과정에서 주민들이 보호받을 수 있도록 제도화하기도 한다.
- 정부와 주민 간 협정을 맺어 상생 적으로 활용하는 방안을 추진하기도 한다.
- 젠트리피케이션은 막을 수 없는 현상이 아니라 주민과 정부 차원에서 노력하고 대화로 개선 될 수 있다.

6
CHAPTER

서울, 뜨는 건물과 떠나는 사람들

뉴욕, 런던, 파리 등에서 젠트리피케이션이 사회문제로 논의된 것이 대략 1960~70
년대부터입니다. 반면 우리나라에서는 2000년대 들어서야 젠트리피케이션이라는 단
어가 사람들 입에 오르내리기 시작했습니다. 우리나라는 왜 지금에서야 젠트리피케이
션이 발생하는 걸까요?

우리나라에서 발생한 젠트리피케이션의 첫 시작은 홍대 앞 거리였습니

다. 서울특별시 마포구 상수동 와우산 자락에 자리한 홍익대학교는 미술 대학으로 유명합니다. 학교 주변에 유명한 미술학원도 많고 화가나 웹툰 작가, 음악 하는 사람의 출입이 잦은 편이에요. 이들의 작업실도 홍대 주변에 많이 들어와 있었습니다. 1990년대만 해도 홍대 앞은 옆 동네 신촌보다 건물값이나 임대료가 싼 편이었습니다. 그리고 이런 점이 홍대 앞으로 예술가들이 모여드는 데 큰 요인으로 작용했어요. 그런데 2003년 아주 작은 움직임 하나가 큰 변화로 이어집니다.

홍대 앞, 서촌, 경리단길 그리고 성수동

홍대 정문 앞길 건너편 '홍익 어린이 공원'이란 작은 놀이터가 있습니다. 2003년부터 주말마다 이 놀이터에 예술가들이 모여 수제 공예품 시장을 엽니다. 또 다른 한편에서는 밴드 공연이 열리고, 초상화를 그려주는 화가도 자리 잡습니다. 이따금 텔레비전에서 보던 파리 몽마르트르 언덕의 풍경이 홍대 앞에서 재현된 거예요.

┃ 예술가들이 모여있는 곳에는 볼거리가 넘쳐나고, 사람들은 볼거리를 찾아 모여든다.

그러자 젊은 사람들이 홍대 앞으로 모여들게 됩니다. 그리고 젊은 소비자에 맞춰 주변 상권도 변화해요. 기존 상가로도 모자라 단독 주택이 식당이나 카페로 개조됩니다. 이후에 어떤 일이 벌어졌을까요? 잘 알다시피 임대료가 마구 치솟으며 예술가와 상인들이 내몰림 당하는 젠트리피케이션이 발생합니다.

이때 밀려난 예술가와 상인들이 옮겨간 곳이 합정역 인근입니다. 하지만 여기서도 똑같은 현상이 일어납니다. 젊은 소비자들이 모여 장사가 잘되나 싶더니 임대료가 치솟으며 더는 장사를 할 수 없는 지경에 이릅니다. 젠트리피케이션이 예술가들의 꽁무니를 쫓아 들어온 겁니다.

이와 비슷한 현상은 서촌과 경리단길에서도 일어나요. 서촌은 경복궁 옆 동네입니다. 청와대나 정부청사와 가깝고 주변에 중요한 문화재도 많아 재개발·재건축이 쉽지 않은 동네였습니다. 그래서 1~2층짜리 낮은 건물이 그대로 보존되어 있었지요.

그런데 2012년부터 이 동네에 예술가들이 들어와 갤러리나 디자인숍, 카페를 차립니다. 마찬가지로 장사가 잘 되니 임대료가 치솟으며 예술가들이 동네를 떠나는 현상이 나타납니다. 다만 홍대 앞과 비교하면 속도가 조금 빨라졌습니다. 낡은 동네에 예술가들이 들어와 살면 어떤 일이 벌어지는지 알게 된 사람들이 빨리 반응한 탓이에요.

경리단길은 서울 용산구 이태원동에 있는 주택가 골목이었습니다. 경리단길이란 이름은 골목 입구에 '국군 재정관리단' 건물이 있어 붙여진 이름입니다. 2008년경 경리단길에 창의적인 상인들이 들어와 낡은 상가나 주택을 고쳐 가게를 냅니다. 그러자 이태원에 몰려있던 젊은 소비자들과 외국인 관광객이 경리단길로 모여들어요. 마찬가지로 임대료가 치솟으며 경

사례탐구 공씨책방

공씨책방은 희귀하고 오래된 책을 10만 권 넘게 보유하고 있는 헌책방입니다. 1972년 경희대 앞에 문을 열었고 1995년부터는 신촌에 자리 잡고 있었어요. 신촌의 역사와 추억이 깃든 장소로 2014년에는 '서울 미래유산'으로 선정되기도 했지요. 그런데 공씨 책방이 없어질 위기에 처했어요. 2016년 새 건물주가 들어오며 기존의 월세보다 2배를 요구하고 만약 내지 못할 경우 나가라고 한 거예요. 결국, 건물주는 책방을 상대로 소송을 걸었고, 공씨책방은 재판에서 졌어요. 공씨책방은 가게를 비우고 성동구 성수동에서 새로운 책방을 열게 되었어요.

리단길을 띄운 사람들이 떠나게 됩니다.

　이처럼 2000년대부터 허름한 골목이나 평범한 거리에 예술가와 창의적 상인들이 들어와 동네를 띄우면 임대료가 급격히 치솟아 정작 동네를 띄운 예술가와 상인은 물론, 주민들까지 덩달아 동네에서 밀려나는 현상이 서울을 비롯한 우리나라 도시들에서도 반복해서 나타나고 있습니다.

　그래서 이때부터 다른 나라에서나 일어나고 있는 사회현상이며 책 속의 개념으로만 알고 있던 젠트리피케이션이 우리 사회를 이해하는 핵심 개념이자, 대응해야 할 사회문제로 급부상하게 됩니다. 그리고 최근에는 둥지 내몰림이라는 우리말로 번역되어 사용되고 있어요.

　홍대 앞이나 서촌에서 밀려난 예술가는 어디로 갔을까요? 이 사람들이 다시 모인 곳이 성수동입니다. 지금까지 서울에서 젠트리피케이션이 일어난 곳이 낡은 주택가였던 것과 달리 성수동은 허름한 공장지대였습니다.

　성수동에는 서울 시내 곳곳에 옷이나 구두, 건축 기자재 등을 납품하

전문가 의견

젠트리피케이션 과정은 다양한 도시의 촉진제를 통해 확산된다. 예를 들어 지역 언론, 개발 관련자, 지자체장 사무실, 부동산 관련 단체들, 금융기관, 역사보존 지지자 및 관련 주민들이 어쩌면 이를 확산케 하는 존재들이다. 각각의 존재는 경제적 활성화에 관심이 지대한 존재라고 볼 수 있다.

－로버트 보르가드 작가

는 공장이 몰려 있었습니다. 그런데 우리나라 산업구조가 **고도화**되고 중국이나 동남아에서 가격이 싼 수입품이 몰려오면서 공장이 하나둘 문을 닫고 떠나며 쇠퇴하고 있었습니다. 예술가들은 낡은 공장이나 창고를 고쳐서 공방이나 카페로 만들었지요.

또한, 사회적 기업들이 대거 들어오기도 합니다. 이들은 성수동에서 마을공동체 운동, 생태 운동 등을 전개하며 예술가들과는 또 다른 측면에서 거리에 활력을 불어넣습니다. 이런 변화가 인터넷과 SNS를 타고 많은 사람에게 알려집니다.

사례탐구　**성수동은 젠트리피케이션에 어떻게 대응하고 있을까?**

성수동은 서울시 성동구에 있는 동네입니다. 성동구청은 성수동에서 젠트리피케이션이 일어나고 있다는 이야기를 듣고 전국 최초로 젠트리피케이션 방지 조례를 제정해요. 조례는 지방행정에서 법률 역할을 하는 규범으로, 시청이나 구청의 모든 행정은 이런 조례를 근거해서 이뤄져요. 조례를 제정한 다음, 성동구청은 성수동의 건물주와 상가 세입자 사이의 상생협약을 추진했어요. 건물주는 상가 임대료를 급격하게 올리지 않고 세입자들은 합리적으로 장사하여 지역 상권을 활성화시키겠다는 내용의 약속이었지요. 성수동에서 젠트리피케이션이 발생하는 지역을 지속가능발전구역으로 지정하고, 이곳의 도시계획을 자문하는 상호협력주민협의체를 결성하여 그 결정에 따라 젠트리피케이션을 일으킬 수 있는 업체들의 진입을 막으려 하고 있어요. 또한, 안심 상가라는 이름으로 공공임대 상가를 운영하려고 준비 중에 있어요. 이런 노력이 어떤 결실을 맺을까요? 우리 모두 앞으로 관심을 갖고 지켜보기로 해요.

이쯤 되면 이후에 어떤 일이 벌어질지 충분히 예상 가능합니다. 홍대 앞이나 서촌, 경리단길처럼 임대료가 치솟습니다. 흥미로운 것은 그 속도가 더 빨라졌다는 겁니다. 다른 곳에서는 5년 걸려 나타난 현상이 성수동에서는 1~2년 안에 나타난 거예요.

같은 현상이 반복되려 하자 이제는 지방정부와 예술가, 사회적 기업, 지역 주민들이 먼저 대응에 나서고 있습니다. 그런데 왜 2000년대 들어서야 우리나라 도시 곳곳에서 젠트리피케이션이 일어나고 있는 걸까요? 함께 생각해보도록 해요.

장사가 안 되면 생계 걱정, 잘 되면 밀려날 걱정

젠트리피케이션의 개념적 범위를 넓게 잡으면 우리나라의 젠트리피케이션은 경제개발이 본격화되는 1960년대부터 계속됐다고 봐야 합니다. 경제개발의 속도만큼이나 도시화의 속도도 빨랐는데, 주로 정부가 주도한 도시계획에 의해 빈민가를 대대적으로 철거하고 고층빌딩이나 아파트가 들어서는 방식이었습니다. 이를 정부 주도의 신축 젠트리피케이션이라고 부릅니다.

그런데 일반적으로 이야기되는 젠트리피케이션은 예술가들과 같은 혁신 인재들이 낙후한 동네에 들어가 변화를 일으키면 그것의 여파로 부동산 가격이 급등하며 혁신적 인재와 더불어 주민들이 밀려나는 현상입니다.

앞에서 분류한 걸 떠올리면 문화·예술 젠트리피케이션인데, 다른 나라에서는 이런 현상이 1960~70년대에 일어난 반면, 우리나라에서는 2000년대부터 나타납니다. 또한, 다른 나라의 젠트리피케이션이 주로 주거 젠

❚ 노후한 건물 뒤로 고층빌딩과 아파트들이 들어서 있다. 급격한 도시화로 인해 살 공간이 넉넉지 않자 옛 건물을 높이 올리고 있다. 우리나라에서 나타나는 전형적인 젠트리피케이션이다.

트리피케이션이지만, 우리나라에서 발생한 젠트리피케이션은 상업 젠트리피케이션과 문화·예술 젠트리피케이션이에요. 왜 지금 이 시점에서 이런 현상이 나타나는 걸까요?

우선 우리나라의 도시화가 50년을 맞이하면서 문화·예술 젠트리피케이션이 일어날 만한 시기에 이르렀기 때문이라고 말할 수 있습니다. 젠트리피케이션은 낙후한 구도심에 잠재되어 있는 지대 격차가 예술가들에 의해 드러날 때 발생합니다. 아무도 주목하지 않던 낡은 주택가나 상가 지대에 예술가들이 들어가 세련되고 특색있게 바뀌면 그제야 낙후한 구도심의 경제적 가치를 사람들이 알아보게 되는 거예요.

우리나라가 현대 도시의 모습을 갖춘 것이 1960년대부터입니다. 이제 약 50년이 지난 건데, 이쯤 되면 도시화 초기에 개발이 진행된 동네들은 건물과 시설의 노후화가 눈에 띄게 나타날 때입니다. 이런 동네는 다른 곳보다 건물값이나 임대료가 싸기 마련이에요. 예술가들이 들어가기 딱 좋은 조건입니다. 더불어 우리나라는 다른 나라에 비해 자영업자의 숫자가 무척 많은 편입니다. 2016년 현재 우리나라의 자영업자 수는 557만 명입니다. 전체 취업자 중 자영업자 비율은 2014년 기준 26.8%인데, 우리나라보다 더 높은 국가는 그리스, 터키, 멕시코뿐입니다.

이렇게 자영업자 수가 많은 것은 고용이 불안정하고 복지제도가 취약하기 때문입니다. '치킨집 수렴의 법칙'이란 풍자적 농담이 얼마 전부터 사람들 사이에서 떠돌고 있는데 직장을 다니다 퇴직하면 치킨집이나 PC방 같은 자영업에 뛰어들 수밖에 없는 현실을 꼬집고 있는 이야기입니다.

복지제도가 잘 된 나라는 직장을 다니다가 그만두게 되면 정부 지원을 받아 직업교육을 받으며 재취업할 수 있습니다. 또한, 나이 들어 정년퇴

2016년 7월 26일 자 한겨레신문에 실린 기사로, 상가 사냥꾼들에 의해 일어나는 전형적인 우리나라 젠트리피케이션을 보여주고 있다. 〈출처:한겨레신문〉

'58년 개띠'의 상가 사냥, '94년 개띠' 몰아내다

© 한겨레신문

직하면 연금을 받아 노후를 즐길 수 있는 여건이 생깁니다. 우리나라에는 이런 복지제도가 없으니 먹고 살기 위해 그동안 모아놓은 돈을 전부 투자하여 치킨집이나 PC방을 차리는 거예요.

하지만 현실은 자영업자가 아무리 많아도 장사가 잘 되는 동네는 한정되어 있을 수밖에 없습니다. 당연히 장사가 잘 되는 뜨는 동네는 건물값과 임대료가 높아집니다. 이런 조건에서 돈이 많은 사람은 뜨는 동네에 상가 건물을 사고 싶을 겁니다. 임대료를 받아 월수입을 높일 수 있고, 건물값이 오르면 팔아 큰 이익을 볼 수 있어요.

이런 투자 행위는 지극히 합리적이고 정상적인 겁니다. 그러나 의도적으로 건물값과 임대료 올리기를 부추기는 사람도 있어요. 이처럼 상가 부동산 투기를 일삼는 사람들을 일반적인 부동산 투기꾼과 따로 분류해서 '상가 사냥꾼'이라고 부르지요. 2016년 한겨레신문이 조사한 바에 따르면 2015년 말 기준으로 상수 지역 건물주의 66%가 외부인이며, 이들 중 상당수가 상가 투기를 목적으로 건물을 소유하고 있었습니다.

진행속도와 과정을 기준으로 분류할 때, 최근 우리나라의 젠트리피케이션은 급진적 모델에 가깝습니다. 그 배경에는 상가 사냥꾼이 있습니다. 이들은 어떤 동네에 예술가, 상인이 들어가 동네가 살아나는 것 같으면, 일제히 동네에 몰려가 땅과 건물을 사들이고 임대료를 급격히 올리고 있습니다.

최근 자영업자는 장사가 안 돼도 걱정, 잘 돼도 걱정이라고 말합니다. 장사가 안 되면 먹고 살기 힘들어지니 당연히 걱정할 만합니다. 그런데 장사가 잘 되는데 왜 걱정하는 걸까요? 장사가 잘 된다는 소문이 돌면 상가 사냥꾼이 몰려와 주변 상가를 매입해서 투기를 부추기고 임대료를 급격히 올릴까 봐 걱정인 겁니다.

2017년 1월 한국은행이 발표한 〈국내 자영업의 폐업률 결정요인 분석〉이란 보고서를 보면, 실직자나 퇴직자의 창업이 많은 음식·숙박업의 생존기간이 3.1년에 불과했습니다. 문을 닫는 이유는 대출이자와 임대료 부담 때문으로 나타났습니다.

회사를 그만두고 식당을 창업하는 사람 대부분은 얼마 안 되는 퇴직

사례분석 **도시 재개발과 부작용**

얼마 전까지 낙후한 동네를 되살리는 방법으로 유일하게 추진된 것이 도시재개발이었어요. 두 가지 방식이 있는데, 공공기관이 슬럼화된 동네를 재개발 지구로 선포하고 직접 재개발하는 방식과 주민들이 재개발조합을 결성하고 사업 추진에 대한 공공기관의 허락을 받으면 민간 건설업체와 계약하여 재개발하는 방식이 있었어요. 그런데 어떤 방식을 취하거나 낙후한 동네의 건물들을 모조리 철거하고 새로운 건물로 채운다는 점은 똑같아요. 그리고 많은 부작용을 낳았습니다. 우선 재개발을 반대하는 주민들과의 갈등이 심했어요. 대부분 폭력을 동원해 내쫓았는데, 이 과정에서 많은 주민들이 제대로 된 보상을 받지 못했습니다. 더불어 동네의 역사가 파괴되는 문제가 있었어요. 사람들이 살아온 흔적이 모조리 사라지면서 도시의 지역적 특성과 매력도 함께 사장되는 것이지요. 더 큰 문제는 인구가 줄어들어 주택 구매자가 줄어들면서 새롭게 큰 건물을 지어도 입주할 사람이 없어서 경제적 손실이 크다는 점입니다. 그래서 최근에는 낙후한 동네를 되살리기 위한 새로운 방법이 모색되고 있습니다.

금으로는 모자라기 때문에 은행에서 대출을 받기 마련입니다. 산업은행이 분석한 데 따르면, 우리나라 자영업자들은 한 달에 100만 원을 벌 경우, 약 42만 원을 부채 갚는 데 쓴다고 합니다.

이런 조건에서 임대료가 조금이라도 오른다면 어떻게 될까요? 장사를 계속하기 힘들어져요. 상가 사냥꾼이 불러오는 젠트리피케이션은 557만 명에 달하는 우리나라 자영업자들의 생존을 위협하고 있습니다. 더 나아가 지역에서 사람과 문화를 밀어냄으로써 우리의 도시를 침체의 나락으로 떨어뜨리고 있습니다.

도시의 매력, 건물이 아니라 사람

뉴욕을 세계 최고의 도시라고 하는 이유는 뭘까요? 거대한 고층빌딩이 많아서일까요? 고층빌딩은 다른 나라에도 많습니다. 아무리 가난한 나라라고 해도 대도시에 가면 거대하고 화려한 고층빌딩이 모여 있기 마련이에요. 뉴욕이 세계 최고의 도시인 것인 뉴요커들이 사는 도시이고, 그들이 누리는 문화가 세련됐기 때문입니다. 도시의 경쟁력은 건물이나 시설이 아닌 사람에 의해 결정됩니다. 어떤 사람이 사는지, 그들이 누리는 문화가 무엇인지가 도시의 성공과 실패를 가르는 법입니다.

리처드 플로리다는 도시의 흥망성쇠에 대한 독특한 견해로 주목을 받은 미국의 도시학자입니다. 그는 어떤 도시는 경제적으로 잘 나가다가 쇠락하는 반면 또 다른 도시는 침체해 있다가 활성화되는 이유는 무엇일까라는 질문을 던집니다. 이 질문에 대한 해답을 찾는 과정에서 리처드 플로리다는 재밌는 사실을 발견합니다. 기업이 있는 곳에 사람이 몰리는 게 아니라, 사람이 있는 곳에 기업이 몰린다는 겁니다.

　세계 경제의 산업구조가 굴뚝 산업에서 지식산업 위주로 재편되면서 기업의 성공과 실패는 참신한 아이디어를 내놓을 수 있는 혁신 인재에 의해 좌우되고 있습니다. 스마트폰을 예로 들면, 제조 기술의 평준화로 하드웨어 측면에서 스마트폰의 기계적 성능은 큰 차이가 없어졌습니다. 스마트폰의 판매를 좌우하는 것은 소프트웨어입니다. 다른 회사 제품보다 더 좋은 운영 프로그램과 애플리케이션을 기획하고 개발할 수 있는 인재를 더 많이 가진 회사가 시장에서 성공할 가능성이 훨씬 높아진 겁니다.

알아두기

리처드 플로리다의 3T 이론

리처드 플로리다는 창조적 인재가 도시의 경제적 성장과 번영의 핵심 열쇠란 점을 밝힌 도시학자입니다. 그 전까지 도시의 발전은 인프라에 따라 결정된다고 봤어요. 어떤 도시가 더 좋은 건물과 상하수도 시설, 정보통신망을 갖췄느냐에 따라 기업이 들어오고 나가는지 결정되고, 이에 따라 인구가 이동한다고 본 것입니다. 그런데 플로리다는 발상의 전환을 이룹니다. 창조적 인재가 많은 도시에 기업이 오고, 인프라는 그 과정에서 자연스럽게 갖춰진다는 거지요.

　창조적 인재가 많이 모이게 되는 도시의 3가지 요소로 제시되는 것이 3T에요. 기술(Technology), 재능(Talent), 관용(Tolerance)의 영어 표기 앞 자가 모두 T로 시작하기 때문에 붙여진 이름입니다. 쉽게 말하면 과학기술과 관련한 혁신적 지식과 정보가 빨리 모이고 순환하며 교류되는 장소, 문화적 다양성과 개방적 사회 분위기가 깃든 도시에 창조적 인재들이 모여든다는 이야기입니다.

이런 혁신 인재들은 문화적 측면에서 다양한 욕구가 있습니다. 그리고 이런 욕구가 충족되는 공간에서 거주하며 일하고 싶어 합니다. 그래서 리처드 플로리다는 다양한 문화가 살아 숨 쉬고 개방적인 사회 분위기를 가진 동네에 혁신 인재들이 모이고, 그 뒤를 따라 기업이 들어오면서 도시가 경제적으로 성장하고 번영한다고 주장합니다.

최근 우리나라에서 상가 사냥꾼들이 일으키고 있는 매우 빠른 속도의 문화·예술·상업 젠트리피케이션은 단지 몇몇 자영업자의 생계, 또는 동네 상권 몇 군데만의 문제가 아닐 수 있습니다. 낙후한 동네를 살리는 예술가와 창의적 상인은 우리나라 도시 경쟁력 향상의 보배라고 할 수 있어요. 예술가와 창의적 상인에 의해 동네의 문화가 살아나면 혁신 인재들이 모이고 기업이 들어오면서 도시가 성장하고 나라 살림살이도 풍족해집니다. 그런데 상가 사냥꾼이 조장하는 젠트리피케이션으로 인해 임대료가 급격히 오르면서 예술가와 창의적 상인이 동네에서 밀려나고 문화 백화현상이 일어나면 동네 상권만 황폐해지는 것이 아니라, 이로 인해 도시 경쟁력이 낮아지면서 도시와 나라가 경제적으로 한 단계 성장할 기회마저 사라질 수도 있어요.

더불어 사는 도시의 꿈

인류가 문명을 이루고 살아온 이후, 도시는 줄곧 사람들이 살아가는 삶의 터전이었습니다. 도시는 인류가 발전시켜온 기술과 문화를 한데 모아 탄생시킨 공간이에요. 우리는 도시를 통해 안전하고 풍요로운 삶을 누릴 수 있었답니다.

인류가

만든 최초의 도시는 5,000년 전 고대 메소포타미아 지방에 건설되었습니다. 수메르인들이 만든 우루크시인데, 지금의 이라크 지역에서 번성했던 도시국가입니다. 단군 할아버지가 고조선을 세우기 전에 만들어진 도시인데, 지금 와서는 폐허 속의 유적으로 남았을 뿐 찬란했던 옛 자취를 찾아보기 힘듭니다. 도시는 살아 움직이는 생명체 같아 보입니다. 탄생하고 성장했다가 번영의 꼭짓점에서 서서히 가라앉으며 쇠퇴합니다. 더 나아가 우루크시처럼 아예 사라지기도 합니다. 이런 도시의 생애주기는 현재도 여전히 진행 중입니다. 우리가 앞에서 살펴본 슬럼화도 크게 보면 도시의 생애주기에서 나타나는 하나의 이상 신호로 볼 수 있습니다.

살아 움직이는 도시

한 사람이 건강을 지키기 위해서는 항상 운동하며 먹는 음식도 절제해야 합니다. 그러다가 몸에 이상 신호를 느끼면 병원에 가서 검진 받고 치료해야 하지요. 도시도 마찬가지입니다. 한 사람의 건강을 지속해서 관리해야 하는 것처럼 도시도 쇠퇴를 예방하기 위해 다양한 정책을 추진하고 활동을 벌여 나가야 합니다. 사람들은 이런 움직임을 **도시재생**이라고 부릅니다.

그런데 자칫하면 도시재생은 젠트리피케이션으로 이어질 수 있습니다. 건물과 도로가 새롭게 정비되고 사람들이 모여들면서 동네의 경제적 가치가 상승하게 되는데, 이 속도가 빨라지면 젠트리피케이션이 되는 겁니다.

어떻게 해야 할까요? 젠트리피케이션이 무서워 도시재생을 멈추면 도시 곳곳이 슬럼화되어 결국 도시 전체가 몰락할 수 있습니다. 그렇다고 젠트리피케이션을 무시하고 도시재생만 추진하면 도시재생의 혜택을 가장 먼저 받아야 할 기존 주민들이 동네를 떠나게 됩니다. 심지어 도시재생이 실패할 수도 있다고 경고하는 사람들도 있어요.

▌ 역사적으로 도시는 분명한 목적을 가지고 지어졌다. 목적을 달성한 후 필요가 없어진 도시는 사라질 수밖에 없다.

알아두기

도시재생

도시재생이 화두가 된 것은 최근의 일이에요. 도시 재개발이 많은 부작용을 낳으면서 도시재생이 대안으로 떠올랐습니다. 도시재생은 낙후한 동네를 되살리는 것이 건물만 바꾼다고 되는 일이 아니란 문제의식에서 출발합니다. 가장 중요한 것은 침체한 지역경제와 문화의 활성화, 공동체 복원이고, 건물은 이런 목적을 성취하는 수준에서 제한적으로 재건축되거나 리모델링되어야 합니다. 이를 위해 공공기관은 지역 주민 스스로 도시재생을 추진하도록 마을공동체를 만들게 하고 지원합니다. 또한, 사회적 기업이나 협동조합의 활동을 장려하여 경제적 활력을 불어넣으려 합니다. 건물은 정말 낡아서 부서질 것만 재건축하고 나머지 건물들은 지역의 문화적 특성과 미래적 방향성을 감안하여 고칩니다. 도시 재개발이 건물 중심이라면 도시재생은 사람 중심입니다.

도시는 어떻게 안전하고 풍요로워지는가?

우리는 모두 안전하고 풍요로운 도시에서 살고 싶어 합니다. 이런 도시는 어떻게 만들어질까요? 많은 사람은 안전하고 풍요로운 도시를 만들려면 낡고 지저분한 건물과 구불구불한 골목길을 다 없애고 넓은 도로와 새로운 빌딩과 아파트로 채워 넣으면 된다고 할 겁니다.

그런데 미국의 도시학자 제인 제이콥스는 이와는 다른 이야기를 합니다. 제인 제이콥스는 1916년에 펜실베이니아주에서 태어난 여성입니다. 뉴욕으로 이주해 프리랜서 기자로 활동하던 제인 제이콥스는 뉴욕이란 도시가 점점 활기를 잃고 위험한 도시로 전락해간다고 생각했어요. 그리고

┃ "우리 인류는 세상에서 도시를 건설한 유일한 생물이다. 사회적 곤충의 무리는 발달 방식,
하는 일, 잠재력 등에서 인간의 도시와는 근본적으로 다르다. 어떤 면에서 도시 역시 자연
의 생태계이다." – 《미국 대도시의 삶과 죽음》 중에서

그 원인이 잘못된 도시재생 때문이라고 봤습니다.

미국이 제2차 세계 대전에서 승리하고 세계에서 가장 강하고 부유한
나라로 발돋움하면서 뉴욕 같은 미국의 대도시들은 점점 더 커지고 화려
해집니다. 이 당시 낡고 허름한 거리는 도시의 안전과 풍요를 갉아먹는
존재로 인식되었습니다. 그래서 모두 철거하고 하늘을 찌를 것 같은 고층
빌딩과 자동차들이 오가는 고가도로로 가득 채웠습니다.

그런데 제인 제이콥스는 바로 이런 움직임이 도시를 더 위험하게 만들
고 곳곳의 거리를 슬럼으로 바꿔 간다고 생각했습니다. 그녀는 도시의 안
전과 풍요는 건물이나 도로가 아니라 사람에 의해 결정된다고 봤습니다.
거리에 사람들이 활기차게 오가며 만남과 교류가 활발해져야 범죄도 줄어
들고 경제도 활성화된다는 거예요. 그런데 당시 미국의 도시 재생 정책은

인물탐구 **제인 제이콥스**

제인 제이콥스는 미국의 기자이자 사회운동가, 도시계획가입니다. 1916년 미국 펜실베이니아주 스크랜턴시에서 태어났어요. 지역신문 기자로 저널리스트의 삶을 살다가 1950년대 뉴욕에서 건축 관련 잡지사에서 일하며 당시 미국의 도시계획에 심각한 문제의식을 느끼고, 그것을 담은 책《미국 대도시의 삶과 죽음》을 1961년 출간합니다. 이후 제인 제이콥스는 거리로부터 사람들을 내모는 도시 고속도로와 대규모 도시 재개발 사업을 반대

▌《미국 대도시의 삶과 죽음》

하는 시민운동을 펼칩니다. 도시학이나 건축학을 정식으로 전공하지 않았지만, 그녀는 도시학의 방향과 도시계획 정책 패러다임의 근본적 전환을 이룩한 도시학자로 인정받고 있습니다.

도리어 사람들을 거리가 아닌 각자의 집과 사무실에 틀어박히게 하고 자동차로만 오고 가게 하여 서로 만날 기회를 줄어들게 했습니다.

이런 문제의식에서 제인 제이콥스는 기존의 건물 중심 도시재생 정책을 비판하면서 사람 중심 도시재생 정책을 주장합니다. 사람 중심 도시재생 정책에서 가장 중요한 가치는 다양성입니다. 도시의 거리에 비슷한 생김새

를 가진 거대건물들이 아닌 다양한 모양새와 쓰임새를 가진 건물들을 오밀조밀 모아두어 서로 다른 사회적 배경을 가진 사람들이 모여서 어울리게 해야 한다는 게 제인 제이콥스의 생각이었어요.

문화 백화란 말을 아직 기억하고 있겠지요? 젠트리피케이션은 도시의 사회문화적 다양성을 파괴하는 부작용을 낳습니다. 그래서 거리와 건물들은 화려해지지만, 그곳을 채워야 할 사람들은 도시를 떠나게 되어 도시는 예전보다 더 위험해지고 경제적으로는 빈곤해져요. 그러면 이제 우리는 여기서 아까 했던 질문을 다시 던지게 됩니다. 어떻게 해야 할까요? 어떻게 하면 사람들이 떠나지 않게 하면서도 도시를 발전시킬 수 있는 걸까요?

법과 제도, 도시를 지키는 힘

도시가 변화하고 성장하면서 그곳의 살던 사람들이 다른 곳으로 이동하는 것은 결코 나쁜 일이 아닙니다. 만약 젠트리피케이션이 도시에서 일어나는 사람들의 이동만을 가리키는 말이라면 아무 문제 될 것이 없습니다. 하지만 일부 투기꾼들 때문에 동네의 경제적 가치가 급격히 상승하면서 사람들이 아무것도 얻지 못한 채 떠나게 되고 그 혜택이 극히 일부의 사람들에게 집중된다면 바로 그때 도시는 황폐해지는 겁니다.

농구 게임에는 2점 슛과 3점 슛이 있습니다. 우리나라에서는 6.75m 안에서 던지면 2점 슛, 밖에서 던지면 3점 슛입니다. 이런 규칙을 정하는 것은 키 큰 사람과 작은 사람 사이의 균형을 맞추기 위함입니다. 농구란 게임은 키 큰 사람이 절대적으로 유리한 게임입니다. 2점 슛과 3점 슛의 구분이 없다면 농구팀은 무조건 키 큰 사람들만 뛸 것이고, 성공확률이 떨어지는 외곽 슛보다는 안으로 파고들어서 골대 밑에서 던져 넣는 슛만 시도될 겁니다. 그러면 게임이 단조롭고 재미없어집니다.

법과 제도는 스포츠 게임의 규칙과 비슷한 것입니다. 가능한 행동과 불가능한 행동을 나누고 이들 각각에 보상과 벌칙을 부과합니다. 이에 따라 사회의 모습이 달라집니다. 3점 슛 규칙에 따라 키 작은 사람도 농구 게임에서 활약할 수 있는 것처럼, 법과 제도가 어떻게 정해지는가에 따라 약자들이 보호받고 자신의 삶을 보다 나은 방향으로 이끌어 갈 기회의 크기가 결정되죠. 그래서 모든 사회문제는 법과 제도를 고치는 것으로 귀결됩니다. 법과 제도가 사회 구성원의 이해관계를 골고루 반영해 만들어지며 사회를 행복하게 만드는 행동을 권장하고 불행하게 만드는 행동을 잘 단속한다면 그 사회는 사람이 사람답게 살 수 있는 좋은 사회가 될 겁니다.

젠트리피케이션도 법과 제도를 통해 충분히 예방할 수 있는 사회현상입니다. 우리는 이미 영국이나 프랑스, 미국 같은 곳에서 젠트리피케이션을 막기 위해 어떤 법과 제도를 만들었는지 살펴봤습니다.

우선 미국 뉴욕시의 커뮤니티 보드처럼 많은 사람이 참여해서 도시계획을 짤 수 있게 해야 합니다. 이렇게 하면 일부 투기꾼들에 의해 건물 중심 도시계획이 추진되는 것을 막을 수 있어요. 아울러 문화적 보존 가치가 있는 거리는 프랑스 파리시처럼 상업 보호가로와 같은 정책을 추진해 볼 수도 있을 거예요. 또한, 영국 런던시의 코인스트리트나 해크니처럼 공공임대상가를 만들어 창의적 상인들이 맘 편히 장사할 수 있는 환경을 만들 수도 있을 겁니다.

특히 우리나라처럼 상업 젠트리피케이션이 심한 나라에서는 상가건물 임대차보호법을 잘 만드는 게 중요해요. 상가건물 임대차보호법은 가게를 임대하여 장사하는 상인들을 보호하는 법이지요. 예를 들어 프랑스는 한번 가게를 임대하면 9년 동안 맘 편히 장사할 수 있어요. 영국과 일본은 세입자가 특별한 잘못이 없는 한 함부로 쫓아낼 수 없고, 만약 건물주가 필요해서 세입자를 내보내려면 보상금을 지급해야 해요.

집중탐구 우리나라의 상가건물 임대차보호법

우리나라에서 상가건물 임대차보호법이 제정된 것은 2002년입니다. 그 이후 13차례에 걸쳐 개정되었지만, 아직도 많은 문제점을 가지고 있어요. 우선 의무적인 임대 기간이 5년밖에 안 되고 임대료 상승이 9%까지 가능하게 되어 있어요. 그리고 건물주가 재건축을 추진하면 아무 보상 없이 가게를 비워줘야 해요. 세입자 입장에서 5년은 가게를 열기 위해 투자한 금액을 간신히 회수하는 시간이에요. 실제로는 이것조차 못하는 사람도 많지요. 그리고 9%의 임대료 상승 상한선도 그것이 정해진 2008년과 현재의 물가상승률, 은행 금리 등을 고려하면 너무 높은 수준이에요. 2017년 7월, 정부는 의무적인 임대 기간을 10년으로 늘리고 임대료 상승 상한선은 5%로 낮추기로 했어요. 그리고 재건축을 이유로 가게를 비워주면 건물주가 세입자에게 퇴거 보상금을 지급하고 세입자가 원하면 재건축된 건물에 우선적으로 재입주하는 권한을 부여받을 수 있도록 법을 개정하겠다고 했어요. 법은 시대가 바뀔 때마다 끊임없이 손질해야 해요. 앞으로 우리나라의 상가건물 임대차보호법이 어떻게 바뀔까요? 여러분도 관심을 가지고 지켜보아요.

우리나라도 상가건물 임대차보호법이 있지만, 젠트리피케이션을 예방하기에는 많이 부족하다는 비판을 받았습니다. 그런데 최근 사람들이 젠트리피케이션에 대해 문제의식을 가지게 되면서 많이 고쳐가는 중이에요. 또한, 커뮤니티 보드나 보호 상업가로, 공공임대상가와 같은 정책들이 추진되고 있습니다.

앞으로도 모든 사람이 행복하고 더불어 사는 도시를 만들어가기 위해 많은 법과 제도들이 고쳐지고 만들어질 겁니다. 여러분은 우리가 살아가는 도시의 미래를 책임질 주인공들입니다. 젠트리피케이션을 예방하면서 동시에 도시를 발전시킬 수 있는 더 좋은 방법에는 어떤 것이 있을까요? 어떤 법과 제도가 필요할까요? 이것은 여러분이 고민해야 할 몫이랍니다.

간추려 보기

- 도시는 생명력을 가진 활동체로 끊임없는 변화와 진화를 반복한다. 진화하지 못하면 도시의 생명력은 끝나게 되며 그 도시는 슬럼화로 이어질 수 있다.
- 젠트리피케이션은 사회적, 경제적, 공간적 재구조화 과정을 지칭하는 폭넓은 개념으로 사용되고 있다.
- 젠트리피케이션에 대응하기 위해서는 지역 자산 소유의 방향, 의식 개선, 제도 마련 등 동시다발적인 노력이 필요하다.

용어 설명

개발도상국 산업의 근대화와 경제 개발이 완전하게 발달하지 못했으며, 전반적인 사회 체제 역시 변동 중인 나라. 상대적으로 가난한 경우가 많으며 아시아 · 아프리카 · 중남미의 여러 나라가 이에 속한다.

고도화 사회적 여건이나 생산기술 또는 국민 소득의 변화로 산업구조의 발달. 1차 산업에는 농업, 수산업 중심의 2차 산업에는 공업 제조업 중심의, 3차 산업에는 서비스업 통신업의 구조로 발달 되는 현상.

고부가 가치 투자에 비해 생산을 통해 최종적으로 큰 가치가 창출되는 가치 산업.

교외화 도시화로 인해 인구와 산업 및 각종 기능이 도시에 집중됨에 따라 발생하는 문제점을 해소하기 위하여 주거지나 공장이 도시 외곽으로 이주, 확산되는 현상. 교통의 발달과 기동성의 증대로 중심 도시로 쉽게 이동할 수 있을 때 교외화가 이루어진다.

구도심 과거 도시의 중심으로 주요기능 및 활동이 이루어지던 장소였으나, 현재 도심 외곽지역의 급속한 재개발과 도심 노후

의 방치로 인해 도심 기능 약화 및 소멸로 보유하고 있던 고유한 공간적 속성과 장소들이 사라져 버린 지역.

도시계획 도시 생활에 필요한 교통 · 주택 · 위생 · 보안 · 행정 따위에 관하여 주민의 복리를 증진하고 공공의 안녕을 유지하도록 능률적 · 효과적으로 공간에 배치하는 계획.

도시재생 기계적 대량생산 위주의 산업에서 소프트웨어 중심의 첨단기술 · IT산업으로 변화되는 산업구조 및 신도시 위주의 도시 확장으로 인해 상대적으로 낙후된 기존 도시에 새로운 기능을 도입하고 창출함으로써 쇠퇴한 도시를 경제적 · 사회적 · 물리적으로 부흥시키는 도시사업.

문화 백화현상 바다 밑바닥이 하얗게 보이는 백화현상이라는 어원에서 비롯되었다. '임대료 상승으로 골목이나 특정 장소의 문화와 분위기가 사라지고 문화적 특성 없는 비슷한 공간으로 변하는 현상'을 말한다.

문화 · 예술 젠트리피케이션 지역의

예술과 문화적인 독창성으로 인하여 지역이 사람들의 관심을 받게 되고, 투기 중심지역으로 변모한다. 기존 장소가 갖고 있던 문화적, 예술적 특성이 투자와 인구를 유입시킨다. 결과적으로 관광지로 변모하면서 상업화된다는 특성이 나타난다.

베이비붐 세대 제2차 세계 대전 이후인 1946년부터 1965년 사이에 출생한 세대를 가리킨다. 경제적인 성장과 풍요 속에서 높은 교육수준과 미디어의 영향으로 다양한 사회운동과 문화 운동을 주도해 왔다. 우리나라에서는 6 · 25전쟁 이후인 1955년부터 1963년 출생한 세대를 베이비붐 세대라 한다.

사회적 기업 취약 계층에게 일자리나 사회 서비스를 제공하여 지역 주민의 삶의 질을 높이는 등 사회적 목적을 추구하면서 재화와 서비스를 생산하고 판매하는 기업을 말한다.

산업 혁명 기계 설비에 의해 산업의 기술적 기초가 변하면서 작은 수공업적인 작업장이 큰 공장으로 전화되고, 이와 동시에 사회 구조가 근본적으로 변화하는 일. 산업 혁명을 거쳐서 비로소 근대 자본주의 경제가 확립되었다. 1760년에 영국에서 시작되어, 유럽 여러 나라에 전파되었다.

상업 젠트리피케이션 상업용 건물의 임대료 상승과 이로 인한 임차인의 퇴출로 나타난다. 우리나라에서 나타나는 젠트리피케이션 현상이다. 소규모 상점의 경쟁력이 약화되고 거대 자본 상업시설들이 늘어나면서 구조적인 변화를 가져온다. 사회적 계층, 문화적 자본 등의 복합적인 사회적 이슈를 동반한다.

선진국 다른 나라보다 정치 · 경제 · 문화 등의 발달이 앞선 나라.

슬럼화 농촌 혹은 전통산업의 몰락 등 산업 구조 전반의 변화로 급격한 도시화가 진행됨에 따라 사람들이 도시로 몰리면서 쇠락하는 현상. 물리적 낙후나 쇠퇴보다는 입지 조건으로서의 강점을 잃어버릴 때 발생된다.

신중산층 공업화 · 관료제 및 기술 발달과 산업화 등으로 인해 교육 기회의 확대됨에 따라 경제적 요소뿐 아니라 생활기회, 교육수준, 직업 지위가 주로 관료층으로서 '화이트칼라' 등 사무계통에 종사하는 사람들.

양극화 서로 다른 계층이나 집단이 점점 더 차이를 나타내고 관계가 멀어지는 것.

우범지대 범죄가 자주 일어나거나 일어날 가능성이 큰 지역을 말한다.

자문기구 일을 효율적이고 바르게 처리하려고 그 방면의 전문가나, 전문가들로 이루어진 기구.

자영업자 다양하게 구성된 업종으로 1인 또는 가족이 소유 · 경영의 주체가 되는 사업을 하는 사람.

재개발 주거환경이 낙후된 지역에 도로 · 상하수도 등의 기반시설을 새로 정비하고 주택을 신축함으로써 주거환경 및 도시경관을 재정비하는 사업을 말한다.

젠트리피케이션 낙후된 구도심 지역이 활성화되어 중산층 이상의 계층이 유입됨으로써 기존의 저소득층 원주민을 대체하는 사회현상.

주거 젠트리피케이션 주거지역 또는 주거와 관련된 기존 임차인의 거주지 이전이나 이동, 대규모 재개발 등을 통해 물리적 환경이 개선되고 주거비용이 상승하여 기존에 거주하였던 주민들이 다른 곳으로 밀려나면서 고소득 가구로 대체되는 유형이다.

지대 격차 침체된 도심부 토지의 가치하락으로 도심부의 입지 이점을 살린 개발을 통해 구현되는 미래의 가치(잠재적 지대)에서 개발되기 이전의 침체된 도심부 토지 가치(현실 지대)의 차이. 지대 격차가 클수록 지대가 낮은 도심부 토지를 개발해 잠재적 지대를 최대한 실현하려고 한다.

찾아보기

이 책을 함께 읽으실 부모님과 선생님들께

우리 시대의 청소년들은 부모세대와 달리 도시에서 태어나서 인생의 대부분을 보냅니다. 그들에게 도시는 고향이면서 미래를 꿈꾸고 오늘의 삶을 일구는 터전입니다. 그래서 미래의 주역인 청소년들이 행복한 삶을 누릴 수 있는 도시 공간을 만드는 것이 어른들에게 주어진 막중한 책무라고 생각합니다.

더불어 청소년들이 도시 생태에 대한 합리적 분석력과 판단력을 키우는 것과 함께, 심미적 감수성을 함양하여 자신들이 살아갈 공간을 아름답게 꾸밀수 있도록 교육하는 것도 매우 중요한 과제입니다.

젠트리피케이션은 도시 공간이 탄생, 성장, 쇠퇴, 재생하는 과정에서 파생되는 경제적 현상입니다. 그런 이유로 청소년들과 함께 젠트리피케이션에 대해 깊게 이야기 나누다 보면 도시 공간에 대한 청소년들의 식견이 한층 더 높아질 것이라 확신합니다.

마지막으로 부모님과 선생님들께서 젠트리피케이션에 대해 청소년들과 더불어 더 깊은 이야기를 나누기 위해 참조하시면 좋은 책들을 소개하고자 합니다. 안녕히 계십시오.

정원오 올림

《도시의 역설, 젠트리피케이션》 정원오 지음, 2016년, 후마니타스

필자의 졸고입니다. 이번 책에서 인용되는 대부분의 참고문헌은 2016년에 출판된 필자의 졸고에서 활용된 것이기도 합니다. 젠트리피케이션에 대한 이론적 이해와 함께, 한국 대도시의 역사, 젠트리피케이션을 막는 방법 등에 대해 서술했습니다.

《미국 대도시의 죽음과 삶》 제인 제이콥스 지음, 유강은 옮김, 2010년, 그린비

건물 중심 도시계획에 대해 비판하고 사람 중심 도시계획을 제시한 제인 제이콥스의 저서로 도시학의 고전으로 손꼽히는 책입니다.

《서울, 젠트리피케이션을 말하다》 신현준 외 지음, 2016년, 푸른숲

8명의 국내 연구자들이 서울의 젠트리피케이션 현상을 연구해서 펴낸 책입니다. 우리나라에서 진행되고 있는 젠트리피케이션에 대해 상세한 이해를 돕는 책입니다.

《메트로폴리스, 서울의 탄생》 임동근 외 지음, 2015년, 반비

현대적 대도시로서의 서울이 언제, 어떻게 만들어졌으며 어떤 방향으로 발전할 것인지를 내다 본 책입니다.

《해외 젠트리피케이션 대응 사례와 시사점》 맹다미, 2016년, 서울연구원

서울시 씽크탱크 서울연구원에서 펴낸 연구보고서입니다. 해외 지방자치단체들이 젠트리피케이션을 막기 위해 어떤 정책을 펴고 있는지를 알려주는 책입니다.

내인생의책은 한 권의 책을 만들 때마다
우리 아이들이 나중에 자라 이 책이 '내 인생의 책'이라고 말할 수 있는 책을 만들고자 합니다.

세상에 대하여 우리가 더 잘 알아야 할 교양

⑤⓪ **젠트리피케이션** 무엇이 문제일까?

정원오 지음

초판 인쇄일 2017년 10월 27일 | 초판 발행일 2017년 11월 7일
펴낸이 조기룡 | 펴낸곳 내인생의책 | 등록번호 제10-2315호
주소 서울시 마포구 동교로12길 3 2층
전화 (02) 335-0449, 335-0445(편집) | 팩스 (02) 6499-1165

ISBN 979-11-5723-339-7 (44300)
      978-89-97980-77-2 (세트)

책값은 뒤표지에 있습니다. 잘못된 책은 구입처에서 바꾸어 드립니다.

이 도서의 국립중앙도서관 출판시도서목록(CIP)은 e-CIP 홈페이지(http://www.ml.go.kr/ecip)에서 이용하실 수 있습니다.
(CIP제어번호:CIP2017025362)

내인생의책에서는 참신한 발상, 따뜻한 시선을 가진 원고를 기다리고 있습니다. 원고는 내인생의책
전자우편이나 홈카페를 이용해 보내 주세요. 여러분의 소중한 경험과 지식을 나누세요.

전자우편 bookinmylife@naver.com | **홈카페** http://cafe.naver.com/thebookinmylife

어린이제품안전특별법에 의한 제품 표시

제조자명 내인생의책 | **제조년월** 2017년 11월 | **제조국** 대한민국 | **사용연령** 5세 이상 어린이 제품
주소 및 연락처 서울시 마포구 동교로12길 3 2층 (02) 335-0449 | **담당 편집자** 한소정

세더잘 49
아프리카 원조 어떻게 해야 지속가능해질까?
위문숙 지음

아프리카 원조는 아프리카를 위한 것이다.
Vs. 현재의 원조는 강대국의 배만 불릴 뿐이다.

어려움에 처한 아프리카를 도와야 하는 것은 당연한 일입니다.
하지만 그 방법이 오히려 강대국의 부만 늘려주고 있다면 어떨까요? 천문학적인
금액이 투입되어도 3,000원의 치료제가 없어 죽어가는 아이들이 생기는 건 어째서
일까요?

세더잘 48
인플레이션 양적 완화가 우리를 살릴까?
홍준희 지음

인플레이션 10% Vs. 세금 10%
어느 쪽이 우리에게 더 유리할까요?

돈을 더 찍어서 시중에 푸는 정책과 세금을 더 거두어들이는 정책. 사람들은 당연히 첫 번째 정책을 선택합니다. 하지만 돈을 더 찍어내면 그만큼 물가가 올라 거둘 수 있는 세금 역시 늘어나고 말지요. 그렇다면 세금을 더 거두는 정책이 좋은 정책일까요? 이 책은 양적 완화와 인플레이션을 중심으로 우리가 경제에 관해 알고 있던 상식을 다시 한 번 생각해 보게 합니다.

세더잘 47
저작권 카피라이트냐? 카피레프트냐?
김기태 지음

저작권은 반드시 법으로 보호해야 한다.
Vs. 일정한 요건을 갖춘 경우에는 저작권자의 허락이 없더라도
　　저작물을 이용할 수 있도록 해야 한다.

저작권의 역사와 종류, 저작권으로 보호받는 저작물은 어떤 것들인지, 저작권의 자유 이용을 허용하는 CCL, 어떻게 저작권을 이용해야 하는지 인터넷 세대인 아동청소년들이 꼭 알아야 할 저작권에 대한 모든 지식을 알려 줍니다.

세더잘 46
청소년 노동 정당하게 일할 권리 어떻게 찾을까?
홍준희 지음 | 하종강 감수

청소년 보호를 위해 청소년 노동을 제한해야 한다.
Vs. 청소년의 노동 권리를 인정하고 안전하게 일할 수 있는
　　노동 현장을 제공하는 데 노력해야 한다.

최근 100여 년간 인류의 식량 생산량은 꾸준히 늘어났지만 세계 곳곳에서 기아에 시달리는 사람은 여전히 넘쳐납니다. 이 책에서는 기아의 원인과 현실 그리고 기아 퇴치를 위한 갖가지 방법을 풍부한 사례와 함께 다루고 있습니다.

세더잘 45
플라스틱 오염 재활용이 해답일까?

제오프 나이트 지음 | 한진여 옮김 | 윤순진 감수

친환경 플라스틱과 재활용으로도 충분히 플라스틱 오염을 막을 수 있다.
Vs. 플라스틱 오염의 근본적 대책은 플라스틱 사용을 금지하는 것이다.

플라스틱 탄생의 역사에서부터 플라스틱 생성 원리, 플라스틱 오염을 막기 위한 현실적인 대안들에 이르기까지 플라스틱을 둘러싼 역사적, 과학적, 사회적 주제들을 빠짐없이 다루고 있습니다.

세더잘 44
글로벌 경제 나에게 좋은 걸까?

리처드 스필베리 글 | 한진여 옮김 | 강수돌 감수

글로벌 경제는 인류의 삶에 풍요를 가져왔다.
vs 글로벌 경제는 빈부 격차를 확대하고 환경을 파괴할 뿐이다.

글로벌 경제란 국가 간 무역량이 늘어나면서 나라와 나라 사이의 경제 활동이 더 자유로워지고 상호 의존도가 높아지는 경제를 말합니다. 글로벌 경제는 그동안 인류의 삶을 풍요롭게 하는 데 큰 역할을 했지만 한편으로는 환경 파괴나 노동 소외 등의 문제를 불러 일으켰습니다. 과연 글로벌 경제는 나의 삶에 좋은 것일까요?

세더잘 43
제노사이드 집단 학살은 왜 반복될까?

마크 프리드먼 글 | 한진여 옮김 | 홍순권 감수

제노사이드는 정치 권력자의 범죄이므로 이들을 확실하게 처벌하면 재발을 막을 수 있다
vs 제노사이드는 국제사회(UN)와 개인들이 힘을 모아야 근절시킬 수 있다

인류 역사에는 한 민족이 다른 민족을 집단으로 학살하는 비극이 지속적으로 발생해 왔습니다. 아르메니아 대학살부터 아우슈비츠 학살까지 역사는 되풀이됩니다. 과연 제노사이드는 어떻게 막을 수 있을까요? 주동자를 처벌하면 될까요? 국제 사회의 노력이 필요할까요?

세더잘 42
다문화 우리는 단일민족일까?

박기현 글 | 변종임 감수

우리는 단일민족이기 때문에 다문화 사회로의 전환이 원칙적으로 어렵다
vs 우리는 원래 다문화 사회였기 때문에 행복한 다문화 사회를 만들 수 있다

최근 한국 사회에도 다문화 가정이 많이 늘어나는 추세입니다. 하지만 여전히 다른 인종과 다른 민족에 대한 편견과 차별이 존재하고 있는 것이 현실이지요? 과연 한국은 다문화 사회로의 성공적인 전환이 가능할까요?

세더잘 37

스포츠 윤리 승리 지상주의의 타개책일까?

로리 하일 글 | 이현정 옮김 | 김도균 감수

스포츠의 궁극적인 목적은 경쟁에서 우위를 점하고 승리를 거두는 것이다.
vs 승리도 중요하지만 스포츠의 본질을 해쳐서는 안 된다.

운동선수 중에는 승리에 대한 집착이 심해진 나머지 규정을 어기면서 편법을 사용하고 심지어 금지 약물까지 복용하는 이들이 있습니다. 지나친 승리 지상주의에 빠진 결과지요. 그렇다면 승리 지상주의에서 벗어나 진정한 스포츠 정신을 지키기 위해 어떻게 해야 할까요? 스포츠 윤리가 그 해답이 될 수 있을까요?

세더잘 36

스포츠 자본 약일까, 독일까?

닉 헌터 글 | 이현정 옮김 | 김도균 감수

스포츠 자본은 스포츠의 발전에 지대한 영향을 끼쳤다.
vs 스포츠 자본은 스포츠를 돈벌이 수단으로 전락시켰다.

스포츠의 발전에는 자본이 필요합니다. 하지만 자본이 스포츠를 돈벌이 수단으로 만들고 말았다는 탄식이 오늘날 이곳저곳에서 터져 나오고 있습니다. 자본의 편중으로 인한 역차별 현상에 대한 우려도 높습니다. 승부조작이나 약물 복용 같은 범법 행위가 문제가 되기도 합니다. 이미 산업화 되어버린 현대 스포츠에서 우리는 스포츠 자본을 어떻게 바라보아야 할까요?

세더잘 35

폭력 범죄 어떻게 봐야 할까?

앨리슨 라쉬르 글 | 이현정 옮김 | 이상현 감수

강력한 법집행이 폭력 범죄를 근절할 수 있다.
vs 폭력 범죄를 해결하는 근본적인 해결책은 무거운 형벌이 아닌 범죄 예방 교육이다.

세계 어디서나 폭력 범죄는 심각한 사회 문제입니다. 그래서 현재 세계 각국에서는 폭력 범죄를 해결하기 위한 다양한 논쟁이 일어납니다. 과연 강력한 법집행이 폭력 범죄를 근절할 수 있는 대안일까요? 아니면 무거운 형벌보다 범죄 예방 교육이 더 필요한 걸까요? 어떤 선택이 우리 삶을 더 안전하게 만들 수 있을까요?

세더잘 34

사이버 폭력 어떻게 대처할까?

닉 헌터 글 | 조계화 옮김 | 김동섭 감수

사이버 폭력은 현실에서 벌어지는 학교 폭력보다 심각하지 않다.
vs 사이버 폭력은 시간과 장소를 가리지 않고 벌어지기 때문에 학교 폭력보다 심각하다.

최근 청소년 사이에서 모바일 메신저나 소셜 네트워크 사이트, 인터넷을 이용한 사이버 폭력이 급격히 증가했습니다. 사이버 폭력은 피해자를 24시간 내내 공포에 떨게 하고, 인터넷이나 휴대 전화를 사용할 수 있는 곳이라면 어디서든 발생합니다. 우리 자신과 친구를 사이버 폭력에서 지키려면 어떻게 해야 할까요?

※ 디베이트 월드 이슈 시리즈 **세더잘**은 계속 출간됩니다.

디베이트 월드 이슈 시리즈

세상에 대하여 우리가 더 잘 알아야 할 교양

전국사회교사모임 선생님들이 번역 및 창작한 신개념 아동·청소년 인문교양서

《디베이트 월드 이슈 시리즈 세더잘》은 우리 아이들에게 편견에 둘러싸인 세계 흐름에서 벗어나 보다 더 적확한 정보와 지식을 제공합니다. 모두가 'A는 B이다.'라고 믿는 사실이, 'A는 B만이 아니라, C나 D일 수도 있다.'라는 것을 알려 주면서 아이들이 또 다른 진실을 발견하도록 안내합니다.

★ 전국사회교사모임 추천도서 ★ 문화체육관광부 우수교양도서 ★ 한국간행물윤리위원회 청소년 권장도서 ★ 서울시교육청 추천도서
★ 보건복지부 우수건강도서 ★ 아침독서 추천도서 ★ 대교눈높이창의독서 선정도서 ★ 학교도서관저널 추천도서

① 공정무역 ② 테러 ③ 중국 ④ 이주 ⑤ 비만 ⑥ 자본주의 ⑦ 에너지 위기 ⑧ 미디어의 힘 ⑨ 자연재해 ⑩ 성형 수술 ⑪ 사형제도 ⑫ 군사 개입 ⑬ 동물실험 ⑭ 관광산업 ⑮ 인권 ⑯ 소셜 네트워크 ⑰ 프라이버시와 감시 ⑱ 낙태 ⑲ 유전 공학 ⑳ 피임 ㉑ 안락사 ㉒ 줄기세포 ㉓ 국가 정보 공개 ㉔ 국제 관계 ㉕ 적정기술 ㉖ 엔터테인먼트 산업 ㉗ 음식문맹 ㉘ 정치 제도 ㉙ 리더 ㉚ 맞춤아기 ㉛ 투표와 선거 ㉜ 광고 ㉝ 해양석유시추 ㉞ 사이버 폭력 ㉟ 폭력 범죄 ㊱ 스포츠 자본 ㊲ 스포츠 윤리 ㊳ 슈퍼박테리아 ㊴ 기아 ㊵ 산업형 농업 ㊶ 빅데이터 ㊷ 다문화 ㊸ 제노사이드 ㊹ 글로벌 경제 ㊺ 플라스틱 오염 ㊻ 청소년 노동 ㊼ 저작권 ㊽ 인플레이션 ㊾ 아프리카 원조